Antonio Negri zur Einführung

Für Toni

Roberto Nigro

Antonio Negri zur Einführung

JUNIUS

Junius Verlag GmbH
Stresemannstraße 375
22761 Hamburg
www.junius-verlag.de

Umschlaggestaltung: Florian Zietz
Titelbild: © Christian Werner und Alexandra Weltz
Printed in the EU 2024
ISBN 978-3-96060-342-9

Bibliografische Information der Deutschen Nationalbibliothek
Die Deutsche Nationalbibliothek verzeichnet diese Publikation in der Deutschen Nationalbibliografie; detaillierte bibliografische Daten sind im Internet über http://dnb.dnb.de abrufbar.

Zur Einführung ...

... hat diese Taschenbuchreihe seit ihrer Gründung 1977 gedient. Zunächst als sozialistische Initiative gestartet, die philosophisches Wissen allgemein zugänglich machen und so den Marsch durch die Institutionen theoretisch ausrüsten sollte, wurden die Bände in den achtziger Jahren zu einem verlässlichen Leitfaden durch das Labyrinth der neuen Unübersichtlichkeit. Mit der Kombination von Wissensvermittlung und kritischer Analyse haben die Junius-Bände stilbildend gewirkt.

Seit den neunziger Jahren reformierten sich Teile der Geisteswissenschaften als Kulturwissenschaften und brachten neue Fächer und Schwerpunkte wie Medienwissenschaften, Wissenschaftsgeschichte oder Bildwissenschaften hervor. Auch im Verhältnis zu den Naturwissenschaften sahen sich die traditionellen Kernfächer der Geisteswissenschaften neuen Herausforderungen ausgesetzt. Diesen Veränderungen trug eine Neuausrichtung der Junius-Reihe Rechnung, die seit 2003 von der verstorbenen Cornelia Vismann und zwei der Unterzeichnenden (M. H. und D. T.) verantwortet wurde.

Ein Jahrzehnt später erweisen sich die Kulturwissenschaften eher als notwendige Erweiterung denn als Neubegründung der Geisteswissenschaften. In den Fokus sind neue, nicht zuletzt politik- und sozialwissenschaftliche Fragen gerückt, die sich produktiv mit den geistes- und kulturwissenschaftlichen Problemstellungen vermengt haben. So scheint eine erneute Inventur der

Reihe sinnvoll, deren Aufgabe unverändert darin besteht, kompetent und anschaulich zu vermitteln, was kritisches Denken und Forschen jenseits naturwissenschaftlicher Zugänge heute zu leisten vermag.

Zur Einführung ist für Leute geschrieben, denen daran gelegen ist, sich über bekannte und manchmal weniger bekannte Autor(inn)en und Themen zu orientieren. Sie wollen klassische Fragen in neuem Licht und neue Forschungsfelder in gültiger Form dargestellt sehen.

Zur Einführung ist von Leuten geschrieben, die nicht nur einen souveränen Überblick geben, sondern ihren eigenen Standpunkt markieren. Vermittlung heißt nicht Verwässerung, Repräsentativität nicht Vollständigkeit. Die Autorinnen und Autoren der Reihe haben eine eigene Perspektive auf ihren Gegenstand, und ihre Handschrift ist in den einzelnen Bänden deutlich erkennbar.

Zur Einführung ist in der Hinsicht traditionell, dass es den Stärken des gedruckten Buchs – die Darstellung baut auf Übersichtlichkeit, Sorgfalt und reflexive Distanz, das Medium auf Handhabbarkeit und Haltbarkeit – auch in Zeiten liquider Netzpublikationen vertraut.

Zur Einführung bleibt seinem ursprünglichen Konzept treu, indem es die Zirkulation von Ideen, Erkenntnissen und Wissen befördert.

Michael Hagner
Ina Kerner
Dieter Thomä

Inhalt

Einleitung

Antonio Negri wurde am 1. August 1933 in Padua geboren, am Vorabend des Zweiten Weltkriegs. In Italien herrschte bereits seit einem Jahrzehnt der Faschismus. Negri stammte aus einer antifaschistischen Familie. Als er zwei Jahre alt war, verlor er seinen Vater, der ein Regimegegner war, genauso wie Negris Großvater, der bis zu seinem Tod 1952 ein sozialistischer Aktivist war. Doch sein Bruder Enrico schloss sich dem Faschismus an. Im September 1943 wurde die faschistische Italienische Sozialrepublik (Repubblica di Salò) gegründet. Im Dezember 1943 beging Enrico Suizid. Jahrelang hat sich Antonio Negri gefragt, wieso ein 17-jähriger junger Mann der faschistischen Front beigetreten ist: »Wie konnte mein Bruder Faschist sein, bis zu dem Punkt, dass er sich umbringen lassen hat?« (Negri 2015d: 15; Übersetzung d. A.) Auf dieses unlösbare Rätsel hat Toni Negri nie eine Antwort gefunden. »Ein ganzes Leben lang habe ich mich mit den Gründen beschäftigt, warum Kriege geführt werden und warum sich Menschen gegenseitig abschlachten: Das wird der Philosoph der Politik gefragt. Doch ich habe es nie verstehen können.« (Ebd.: 16)

Padua wurde im Krieg bombardiert. Das Elend des Krieges, der Widerhall der Bomben und der Geruch des Todes müssen Negris Kindheits- und Jugenderfahrungen geprägt haben.

Negris intellektuelle und aktivistische Tätigkeit begann direkt nach dem Krieg und war von Anfang an von einem Gefühl der ethischen Revolte gegen diese Welt der Zerstörung und der Ausbeutung geprägt. Der Krieg hatte denjenigen, die ihn überlebt haben, eine Welt des Hungers, des Elends und der Trümmer hinterlassen. Aber eben auch eine Welt, in der der Widerstand, der Wille zur Veränderung und die Ablehnung von Ausbeutung und Elend das Potenzial bargen, die ethische Revolte in eine politische Revolte zu verwandeln. Negri trat somit in einer Zeit in das politische Leben ein, in der große politische, soziale, kulturelle, technologische und wissenschaftliche Veränderungen stattfanden. Es handelte sich auch um eine Zeit, die durch den Kalten Krieg und internationale Spannungen geprägt war.

Die Erfahrungen von Elend und Tod waren nicht nur die Basis für seine ethische und politische Revolte, sondern auch der Hintergrund für sein philosophisches Denken. Seine Tochter fragte ihn einmal: »Papa, was heißt sterben?« Toni antwortet: »Der Tod existiert nicht, lüge ich sie an. [...] Das Leben ist ein Kampf, unerbittlich und grausam, gegen den Tod.« (Ebd.: 9) Ist es dieser Kampf gegen den Tod, der ihn in die Nähe der Philosophie Spinozas geführt hat?

Als brillanter Student der Philosophie hat er sich in den 1950er Jahren hervorgetan. In den 1960er Jahren wurde er Professor für Staatslehre an der Fakultät für Politikwissenschaft der Universität Padua. Dort unterscheidet er sich deutlich von anderen Professor:innen. Von Anfang an bringt er politische und soziale Fragestellungen in seine Arbeit ein, die mit seiner Erfahrung von Elend und Zerstörung zusammenhängen. Er ist ein Aktivist und kämpft an der Seite der Arbeiter:innen. Man kann ihn an den Toren der Fabriken im Norden des Landes sehen. Sein intellektuelles Leben spielt sich nicht nur in der akademischen Welt ab, denn die politischen Ausdrucksformen, die ihm geeignet scheinen, findet er in aktivistischen und sozialen Kontexten. Negri schließt sich politischen Gruppen an, die zur Wiederbelebung des Marxismus beitragen und bald als Operaist:innen (von *operaio*: der Arbeiter) bezeichnet werden. Er gehört zu den Gründern verschiedener politischer Zusammenschlüsse, darunter Potere operaio, und ist Teil der autonomen Bewegungen, die das politische Leben in Italien in den 1960er und 1970er Jahren prägen.

Internationale Anerkennung in intellektuellen und aktivistischen Kreisen erlangt Antonio Negri mit der Veröffentlichung von *Empire*, das er gemeinsam mit seinem Freund, dem amerikanischen Literaturtheoretiker Michael Hardt, verfasst hat (Hardt/Negri 2002). Die nachfolgenden Texte, die alle in Zusammenarbeit mit Hardt entstanden – von *Multitude* (Hardt/Negri 2004) über *Common Wealth* (2010) bis *Assembly* (2018) – reaktivieren und transformieren alte Konzepte und führen neue in die Grammatik des Politischen ein. Doch wie bereits angedeutet, beginnt die Tätigkeit dieses Philosophen und Aktivisten bereits lange vor dem Jahr 2000 und erstreckt sich über viele Jahrzehnte: von den späten 1950er Jahren bis heute. Sein Werk ist somit ein unersetzliches Zeugnis der politischen und intellektuellen Geschichte der acht Jahrzehnte, die uns vom Zweiten Weltkrieg trennen.

Dieses Buch versucht zu erfassen, inwiefern diese jüngste Geschichte der zweiten Hälfte des 20. Jahrhunderts für unsere Gegenwart und vielleicht auch für unsere Zukunft grundlegend ist. Es möchte zeigen, dass sie nicht von der vielgestaltigen Bewegung des politischen, sozialen und kulturellen Ungehorsams getrennt werden kann, deren Entstehung auf die Protestbewegungen der 1960er und 1970er Jahre zurückgeht. Diese Periode unserer Geschichte lässt sich als *1968 im weiteren Sinn* bezeichnen. 1968 steht hier für ein vielfältiges Ereignis, ein singulär plurales Ereignis, um es mit Jean-Luc Nancy zu sagen (Nancy 2004). Oder, um dessen Mannigfaltigkeit noch stärker zu betonen, könnte man 1968 als eine »disjunktive Synthese« (Deleuze/

Guattari 1974: 19) bezeichnen, gemäß dem Ausdruck, den Gilles Deleuze und Félix Guattari verwenden, wenn sie »auf die Bewegung der Differenzen hinweisen, die zu sich selbst zurückkehren, ohne aufzuhören, Differenzen zu sein« (1974: 89).[1] Die historische Konjunktur von 1968 ist durch epistemologische Brüche gekennzeichnet, d.h. durch das Auftauchen neuer Fragen und Problematisierungen im als politisch verstandenen Feld der Wissensproduktion.

Maurice Blanchot definiert 1968 als ein glückliches Zusammentreffen: »ein Fest, das die erlaubten oder erwarteten sozialen Formen umstieß« (2015: 54ff.). Für ihn ist 1968 die Bestätigung einer explosiven und spontanen Kommunikation, ein Ereignis, das »ohne Projekt« stattfindet, eine Möglichkeit, durch die *Freiheit des Wortes* zusammen zu sein, eine *prise de parole* nach den Worten von Michel de Certeau (1994).

1968 ist auch der Ausgangspunkt der Reflexionen Negris. 1968 im weiteren Sinn ist das Scharnier zwischen zwei Welten – oder wie Antonio Negri und Félix Guattari in einem kleinen Buch aus dem Jahr 1985 schreiben: »Die Revolution begann 1968.« (2015: 41) Tatsächlich kann man erkennen, »dass sich 1968 der Zyklus der Revolution wieder geöffnet und eine seiner stärksten Intensitäten erreicht hat. Was 1917 nicht mehr als ein Zeichen war und was die nachfolgenden nationalen Befreiungskriege nicht in nachhaltiger Weise zu etablieren vermochten, hat 1968 als unmittelbare Möglichkeit kollektiven Bewusstseins und kollektiver Praxis auf die Tagesordnung gesetzt.« (Ebd.: 43)

Ab den 1960er Jahren setzten sich nicht nur neue kollektive Subjektivitäten durch, sondern sie führten auch zu einer Veränderung der Natur des Produktionsprozesses (ebd.: 44, 56). Negris Werk ermöglicht es, 1968 im Lichte des Dispositivs des Klassenkampfs in einem erweiterten Sinn zu interpretieren. Zusammen mit Michael Hardt beschreibt er 1968 als ein Weltereignis, das verschiedene Zeitlichkeiten und eine Vielzahl von Ereignissen miteinander verbindet: »antikoloniale und antiimperialistische Kämpfe, antirassistische und feministische Bewegungen, Arbeiterrevolten, das vielgestaltige Aufbegehren gegen kapitalistische Disziplin und Kontrolle und vieles mehr« (Hardt/Negri 2018: 98).

In Negris Augen ist 1968 jedoch nur verständlich, wenn die Transformationen, die diese Epoche gebracht hat, als übergreifende Veränderungen der kapitalistischen Produktionsweisen interpretiert werden. Einer der Hauptbeiträge von Negris Werk ist wahrscheinlich die Analyse gesellschaftlicher Transformationen der Produktionsweisen, der Subjektivität und der Lebensformen, ohne sie so zu beschreiben, als ob sie die logisch daraus resultierende Entfaltung des Kapitalismus oder der technologischen Entwicklung wären. Um diese Transformationen begreifen zu können, muss die dynamische Rolle der Arbeiterklasse und der revolutionären Subjektivität in der Geschichte des Kapitalismus berücksichtigt werden. Ausgehend von dieser politischen und philosophischen Intuition, die im Zentrum des Operaismus steht, argumentiert Negri stets, dass politische Analysen und Praktiken von unten ausgehen müssen, das heißt von den Bewegungen, den Kämpfen und den Widerständen der Menschen, die jedwede Transformation ermöglichen.

Seine Schriften brechen so mit einer teilweise auch vom Marxismus inspirierten Tradition, die die Arbeiter:innenklasse als besiegt oder passiv schildert und die Herrschaft des Kapitalismus als total und omnipräsent darstellt. Gegen ein herrschendes Narrativ, das das Ende des Klassenkampfs verkündet und seine Auflösung im Konsumismus ankündigt, entwickelt Negri eine gänzlich andere Diagnose. Seine Analysen machen sichtbar, dass, wenn der Klassenkampf an einigen Stellen verschwindet oder an Intensität verliert, er an anderen Orten wieder auftaucht. Negris

Interesse für neue Formen des Widerstands, des Kampfes und der Subjektivität geht Hand in Hand mit einer (neo-)marxistischen und materialistischen Methode, die unter der Oberfläche der politischen und institutionellen Veränderungen und unter den strukturellen Veränderungen der Produktionsweisen neue Formen der Subjektivität und des Klassenkampfs zu bestimmen versucht. Um sich in der heutigen Welt zurechtzufinden, ist es unerlässlich, diese Metamorphosen und die Potenziale, die sie in sich bergen, zu identifizieren. Das ist es, was Negris Werk seinen Leser:innen bietet.

Negris Denken entsteht in einer Hochkonjunktur, die aus der Geschichte der 1960er und 1970er Jahre hervorgeht. Sein Werk, wie auch die gesamte operaistische Erfahrung, haben den Marxismus erschüttert. Im ersten Kapitel dieses Buches wird die Genese des Denkens Negris rekonstruiert. Seine Analyse geht auf die Diskussionen und das politische Klima der 1960er Jahre zurück, die das Gewebe der operaistischen Erfahrung gebildet haben. Innerhalb des Operaismus ist Negri einen besonderen Weg gegangen. Das erste Kapitel zeigt nicht nur Differenzen im Operaismus selbst auf, sondern auch, wie Negris Denken einen heterodoxen Kommunismus baut, der sich sowohl von sozialistischen wie von sozialdemokratischen Traditionen stark abgrenzt. Vor dem Hintergrund von deren struktureller und historischer Niederlage erhält Negris Werk eine besondere Aktualität, da es den langen Weg aufzeigt, in dem diese sozialdemokratische Niederlage wurzelt.

Aber nicht nur innerhalb der Geschichte der Arbeiter:innenbewegung und des Marxismus zeigt sich die Aktualität von Negris Werk. Negris neuer Marxismus definiert darüber hinaus eine klare philosophische Position in den zeitgenössischen Debatten. Seine Philosophie ist ein Bollwerk gegen jedwede postmoderne Position, die auf der Idee des Endes der Geschichte und des Klassenkampfs aufbaut. Negri widerspricht jeder Darstellung der kapitalistischen Herrschaft als alles umfassende Kraft und somit auch Interpretationen einer totalen Vereinnahmung der Seele und des Gehirns aller Arbeiter:innen und Individuen. Für ihn kann die Produktion von Subjektivität nicht darauf reduziert werden, was das Kapital durch seine Organisation der Arbeit konstruiert. Es folgt daraus, dass der Kommunismus kein Ideal und kein heroischer Notausgang aus der Katastrophe ist, in die uns der Kapitalismus gestürzt hat. Negris Denkerfahrung und politischer Aktivismus sind fest im Operaismus verankert, getragen von der Tatsache, dass der Schwerpunkt seiner Analyse in der Rolle der revolutionären Subjektivität liegt.

Im zweiten Kapitel wird gefragt, wie Negris Werk in den *Winterjahren* (Guattari 1986) entsteht und sich zu ihnen verhält. Man kann die Winterjahre als eine Zeit charakterisieren, die gegen Ende der 1970er Jahre im Zeichen der kapitalistischen Konterrevolution beginnt und die Entstehung der neoliberalen Gesellschaft befördert. Es ist eine Zeit der Niederlage für die politischen und sozialen Bewegungen. Was tun während dieser Konjunktur, wenn die Bewegungen zurückweichen? Was tun, wenn sie besiegt werden oder wenn sie nach rechts oder gar in den Faschismus abdriften? Auf dieser Basis wird im zweiten und dritten Kapitel die kritische Auseinandersetzung mit Marx und Spinoza rekonstruiert, die das theoretische Fundament für die philosophische Arbeit Negris bildet.

Wenn dieses Buch den vier Jahrzehnten ab den 1960ern so viel Bedeutung beimisst, ist der Grund dafür, dass dieser Zeitraum der entscheidende ist, in dem Negri die grundlegenden Begriffe seines Werks bildet, die auch in seinen späteren Schriften – teils modifiziert und weiterentwickelt – wiederzufinden sind. Reichen diese Konzepte und Analysen aus, um den Horizont eines neuen revolutionären Zyklus abzustecken, wie er sich im 21.

Jahrhundert herausschält? Diese Frage steht im Mittelpunkt des vierten Kapitels, in dem der neue Horizont der Kämpfe innerhalb des Gewebes einer neuen neoliberalen Gouvernementalität analysiert wird. Die in *Empire* (2002) entwickelten Thesen, in deren Mittelpunkt der Niedergang des Nationalstaats steht, bilden eine Kontinuität mit den in den 1980er Jahren mit Félix Guattari skizzierten Überlegungen zum *integrierten Weltkapitalismus* (Guattari/Negri 2015: 67ff.), auch wenn der eigentliche Entstehungsort des *Empire*-Konzepts in den Diskussionen liegt, die ein Jahrzehnt später innerhalb der von Negri mitbegründeten Zeitschrift *Futur antérieur* stattfanden. Die Analysen zur Transformation der Klassenzusammensetzung führen zu einer grundlegenden Verwendung der Begriffe *Multitude* und *biopolitische Produktion*, die eine entscheidende Rolle in allen von Hardt und Negri verfassten Werken spielen. In diesem Zusammenhang entsteht ein Übergang zu einer neuen Form des Operaismus, bei dem eine Ontologie der Multiplizität an die Stelle der dialektisch-antagonistischen Figuren tritt, die den ersten Operaismus aus den 1960er Jahren gekennzeichnet haben. Auf diesem Weg trägt die Rückkehr der Philosophie Spinozas maßgeblich dazu bei, eine Ontologisierung des Vermögens der Multitude festzulegen.

Dieses Buch ist eine Einführung in Negris Denken und eine Einladung dazu, seine Texte zu lesen. Negri hat den Schwerpunkt seiner Forschung auf die lebendige Arbeit gesetzt. Er interpretiert sie als Subjektivität und zeigt, dass die Arbeiter:innensubjektivität in keiner Dialektik mit dem Kapital steht, weil ihr Vermögen nie völlig subsumiert werden kann und immer gegen das Kapital wirkt (Negri 2015d: 280). Negris Schriften sind von brennender Aktualität, weil sie über die Gegenwart und ihre möglichen Alternativen nachdenken. Sie sind eine Reflexion über die Demokratie und die Mechanismen, die sie konstituieren können. Sie stellen den Versuch dar, auf die Frage zu antworten, wie eine Mannigfaltigkeit von unterschiedlichen Singularitäten politisch organisiert werden kann, wie »die Menge zum Fürsten wird«, wie er mit Hardt in *Common Wealth* schreibt (2010: 9f.). Negris Werk setzt sich mit den aktuellen und revolutionären Strömungen der zeitgenössischen Philosophie auseinander. Mit diesen teilt sein Werk eine Vorstellung des philosophischen Diskurses als Diagnostik der Gegenwart.[2]

Was charakterisiert die Gegenwart, in der wir uns befinden? Das ist eine Frage, auf die unterschiedliche Denker:innen verschieden reagiert haben. Marx' Antwort hat die Form einer Kritik des Kapitalismus angenommen, weil wir zur Zeit des Kapitalismus gehören; Friedrich Nietzsches Ausdruck »Gott ist tot« ist eine andere Art und Weise, auf die Frage der Zugehörigkeit zu antworten. In Bezug auf Nietzsche bemerkt Alain Badiou, dass der »Tod Gottes« für Nietzsche das Merkmal unserer Zeit ist, weil dies das Ereignis des Jahrhunderts kennzeichnet, d.h. die Zeit im engeren Sinne, die eine Differenz zwischen einem Vorher und einem Nachher instituiert (Badiou 2015: 20). In diesem Zusammenhang könnte man sagen, dass Negris Frage nach der Gegenwart auf 1968 zurückgeht, weil dieses Ereignis unsere Gegenwart markiert, in dem Maße, dass mit ihm behauptet werden kann: »*Die Revolution begann 1968.*« (Guattari/Negri 2015: 41)

1. Die Revolution begann 1968

Um die Genese und Bedeutung der von Antonio Negri aufgestellten Thesen zu erfassen, ist es unabdingbar, die historischen Bedingungen zu betrachten, die ihre Entstehung ermöglicht haben. Was ist der Boden, auf dem sich die operaistische Erfahrung und Negris Werk entwickelt haben? In diesem Kapitel geht es zunächst darum, den historischen und politischen Kontext zu rekonstruieren, der die Entstehung von Negris Thesen ermöglichte und alle späteren theoretischen Ausarbeitungen prägen sollte.

1.1 Der Übergang vom Fordismus zum Postfordismus

Spätkapitalistische Gesellschaften werden oft als Gesellschaft des Spektakels oder Konsum- und Wohlstandsgesellschaften dargestellt.[3] Während das 19. Jahrhundert das Zeitalter der Industrialisierung war, setzten sich in der Zwischenkriegszeit die Rationalisierungsprozesse der Arbeit durch, die insbesondere durch die Einführung des fordistischen und tayloristischen Modells in den Fabriken charakterisiert waren.[4] Gegen Ende der 1940er Jahre trat eine weitere Verschiebung auf: Mit dem Eintritt in das kybernetische Zeitalter[5] nahm die Automatisierung der Arbeit, d. h. die weitere und massive Ersetzung menschlicher Arbeit durch Maschinen, ihren Lauf und veränderte die spätkapitalistischen Gesellschaften tiefgreifend.[6]

Aber das Fließband und die Automatisierung der Arbeit sind nicht nur Merkmale der Automobilfabrik, Landwirtschaft oder Metallverarbeitung. Ihre Durchsetzung betrifft auch die *Fabriken der Seele* und die Kulturindustrie. In ihrem berühmten und einflussreichen Kapitel zur Kulturindustrie in ihrem Buch *Dialektik der Aufklärung* der frühen 1940er Jahre beschreiben Theodor W. Adorno und Max Horkheimer die Transformationen der spätkapitalistischen Gesellschaften in Hinblick auf die neuen Produktionsformen des Wissens und der Kultur. Sie schreiben: »Kultur ist eine paradoxe Ware. Sie steht so völlig unterm Tauschgesetz, dass sie nicht mehr getauscht wird; sie geht so blind im Gebrauch auf, dass man sie nicht mehr gebrauchen kann. Daher verschmilzt sie mit der Reklame. Je sinnloser diese unterm Monopol scheint, um so allmächtiger wird sie. Die Motive sind ökonomisch genug. Zu gewiss könnte man ohne die ganze Kulturindustrie leben, zu viel Übersättigung und Apathie muss sie unter den Konsumenten erzeugen. Aus sich selbst vermag sie wenig dagegen. Reklame ist ihr Lebenselixier.« (Horkheimer/Adorno 1988: 170 f.)

Adornos und Horkheimers Thesen zur Kulturindustrie sind hilfreich, um die soziale Unterwerfung und Einschränkung der Kreativität als Verlust jeglicher Autonomie der künstlerischen Tätigkeit anzuprangern. Kultur, Kunst und Kreativität stellen kein Bollwerk mehr gegen die kapitalistische Verwertung dar. Sie kommen unter die Kontrolle des Kapitals und werden damit subsumiert. Adornos und Horkheimers Thesen haben den Weg gebahnt, um die Ausbreitung der kapitalistischen Verwertung bis in die Gegenwart ausführlich analysieren und kritisieren zu können.

Diese Analysen sind umso interessanter, da sie zu einem Zeitpunkt verfasst wurden, an dem sich die Welt grundlegend änderte. Aber wie diese Veränderungen zu interpretieren sind, fragt man sich noch sieben Jahrzehnte nach der Veröffentlichung dieser Thesen. So schreibt Gerald Raunig: »Mehr als ein halbes Jahrhundert später gab es einigen Grund, den Blickwinkel auf die Funktion der Kulturindustrie anders einzustellen. Anstatt die Kulturindustrie als etwas zu betrachten, das im kulturellen Feld die bürgerliche Kunst ersetzt und ein im Außen der Kultur entwickeltes, fordistisches Modell ins kulturelle Feld überträgt, fragt der postoperaistische Philosoph Paolo Virno vom anderen Ende her nach der Rolle, der der Kulturindustrie bei der Überwindung des Fordismus und des Taylorismus in der zweiten Hälfte des 20. Jahrhunderts zukommt.« (Raunig 2012a: 23)

In *Grammatik der Multitude* hat Paolo Virno in der Tat gezeigt, dass die Kulturindustrie das Paradigma der postfordistischen Produktion definiert. Für Adorno und Horkheimer werden die Fabriken der Seele (Verlagswesen, Kino, Radio, Fernsehen usw.) den fordistischen Kriterien der Serialität und der Parzellierung unterworfen. Die menschliche Kreativität wird subsumiert, mechanisiert und serialisiert. Das Modell des Fließbands dehnt sich auf die geistige Produktion aus. Aber diese Analyse der Autoren der Frankfurter Schule ist ungenügend, weil sie die Zeichen der Entstehung einer neuen Produktionsweise verpasst. Virno merkt an: »In der Kulturindustrie war es also durchaus notwendig, dem Informellen, dem Nicht-Geplanten, dem plötzlichen Sicheinstellen des Unvorhergesehenen, der kommunikativen und schöpferischen Improvisation einen gewissen Raum zu überlassen; nicht, um die menschliche Kreativität zu fördern, wohlverstanden, sondern um eine zufriedenstellende Produktivität der Firma zu erreichen. Dennoch waren diese Aspekte für die Frankfurter Schule bloß unbedeutende Überbleibsel, Reste und Ausläufer, die der Vergangenheit angehörten. Was in Wirklichkeit zählte, war nur die allgemeine Fordisierung der Kulturindustrie. Mir scheint es nun, dass man diese angeblichen

Überbleibsel, wenn man die Dinge aus heutiger Sicht betrachtet, unschwer als äußerst zukunftsträchtig identifizieren kann. [...] Es handelt sich demnach nicht um Reste, sondern um Vorahnungen, um Vorwegnahmen.« (Virno 2005: 77 f.)

Im Phänomen der Kulturindustrie, darauf machen Virno und Raunig aufmerksam, ließen sich vielmehr die Anzeichen der postfordistischen Produktion als die fortschreitende Subsumtion unter die fordistische Form der Produktion erkennen. Denn in der postfordistischen Ära wird die von Adorno und Horkheimer beschriebene Unterwerfung der Kreativität zum Drehpunkt einer neuen kapitalistischen Inwertsetzung. Unter postfordistischen Arbeitsbedingungen gilt Flexibilität als unternehmerische Freiheit und wird damit zu einer neuen Form der Prekarität.[7] Die Freiheit wird zur Bedingung und Voraussetzung für eine neue Unterdrückung. Aber diese Transformationen weisen nicht nur auf die Entstehung einer neuen Form von ökonomischer Ausbeutung hin, sondern auch auf Veränderungen der Lebensformen (Nicoli/Paltrinieri 2017: 3).

Im Grunde lässt sich das Ende des fordistischen Zeitalters, das sich in unterschiedlichen Zeiträumen und in den einzelnen Ländern jeweils verschieden ereignet hat (Hardt/Negri 2018: 178 ff.), als Beginn des Postfordismus verstehen. Dies heißt allerdings nicht, dass das fordistische Arbeitsmodell einfach verschwindet, es wird lediglich mit anderen immer dominanter werdenden Arbeitsformen verwoben. Auf diese Weise können fordistisch geprägte produktive Tätigkeiten an einem bestimmten Ort abgebaut werden, um in Länder des Globalen Südens verlagert zu werden, wo die Arbeitskraft leichter ausgebeutet werden kann. So impliziert der Postfordismus eine Dezentralisierung der Produktion im doppelten Sinn: sowohl als Verlagerung der Produktion in Länder des Globalen Südens wie auch als Verlust der Zentralität der Fabrikarbeit. Der Postfordismus führt zu einer massiven Ausweitung der Dienstleistungsjobs; er markiert den Übergang zu einer Gesellschaft der Informatisierung, in der die Produktion zunehmend eine immaterielle, kognitive Form annimmt, die auf Wissen, Kenntnissen und Codes beruht.[8] Wie haben sich diese epochalen Transformationen, die alle westlichen Länder im 20. Jahrhundert erfassten, in Italien ereignet?

1.2 Die 1960er und 1970er Jahre in Italien: Metamorphosen des Klassenkampfs

Italien entging diesen Entwicklungen, die – wie angedeutet – u. a. durch die Automatisierung der Arbeit gekennzeichnet sind, nicht, auch wenn sie dort aufgrund des verlangsamten Wiederaufbaus nach dem Zweiten Weltkrieg etwas zeitversetzt stattfanden. Das Land erlebte in den 1950er Jahre eine starke industrielle Expansion, insbesondere in den nördlichen Regionen, während sich in den südlichen Regionen und in einigen Gebieten im Nordosten extreme Armut ausbreitete (Ventrone 2012: 17 ff.; Falciola 2015: 23 ff.). Nach dem Zweiten Weltkrieg profitierten vor allem die Industriellen von den enormen Finanzmitteln des Marshall-Plans. In erster Linie flossen die Finanzmittel in das Industriedreieck Mailand – Turin – Genua, in dem die Stahlindustrie schon seit Jahrzehnten existierte.

Diese starke industrielle Expansion führte zu weiteren Transformationen in den Städten der nördlichen Regionen und zu neuen sozialen Konflikten. In *Die goldene Horde* analysieren Primo Moroni und Nanni Balestrini die Bedingungen, die zur Explosion der Protestbewegungen in den 1960er Jahren führten: »Die erste Nachkriegsgeneration von Arbeitern zeichnete sich durch hohe fachliche Qualifikation und große politische Stärke aus. Durchweg aus dem Norden stammend und stark von antifaschistischer Kultur geprägt, war sie Träger einer Welt von Werten, die alle um die Ideologie der Arbeit und das Selbstverständnis kreisten, der gesunde und produktive Teil der Nation zu sein, im Gegensatz zur als korrupt, unfähig und parasitär angesehenen Bourgeoisie. Eingesperrt in die Fabriken, stolz auf die eigene fachliche Qualifikation und vertrauensvoll gegenüber der politischen Leitung der PCI, sah sie sich als Bewahrer einer durch die Arbeitswelt zu verwirklichenden historischen Aufgabe: Der ständigen Weiterentwicklung der Produktivkräfte und der Umsetzung der aus der Resistenza geborenen Verfassung.« (Balestrini/Moroni 2002: 17 f.)

Balestrini und Moroni unterstreichen einen wichtigen Aspekt dieser neuen industriellen Expansion der Automobilproduktion in den nördlichen Regionen. Sie bemerken, dass der:die Arbeiter:in im Norden und insbesondere die Arbeiter:innen aus der Region Piemont die Intensivierung der Produktivität und der entsprechenden Ausbeutung gerade so ertragen konnten, weil ihr Leben von den Werten des Industrialismus stark geprägt war. Von Kindheit an waren sie daran gewöhnt, die Arbeit bei FIAT (der größten italienischen Autofabrik) als Familienschicksal zu betrachten. Diese Ideologie der Arbeit garantierte eine sehr hohe Produktivität, die aufgrund der völligen Ineffizienz der Gewerkschaften mit sehr niedrigen Löhnen koexistieren konnte. Dieses Zusammenwirken der einzelnen Elemente hatte gegen Ende der 1950er Jahre eine enorme Kapitalakkumulation ermöglicht (ebd.).

Zur gleichen Zeit sah sich der Kapitalismus in Italien aber auch mit einer neuen Situation konfrontiert: Um die Akkumulation fortsetzen zu können, war eine Umstrukturierung der Produktion notwendig, die den Eintritt in die internationalen Märkte und die Steigerung des Binnenkonsums ermöglichen sollte. Durch diese Umstrukturierung erhofften sich die Industriellen eine bessere Kontrolle über die jüngere Generation und die Arbeiter selbst, die die ihnen zugemuteten Lebensbedingungen immer weniger ertragen wollten. Darüber hinaus sah die Umstrukturierung der Produktion die flächendeckende Einführung von Fließbändern und damit von unqualifizierter Arbeit vor. So wurde die Arbeit in der Fabrik aus Sicht der Arbeiter:innen immer unerträglicher.[9] Weil zudem im Norden die Arbeitslosigkeit dramatisch zurückging und die Einführung von Fließbändern aufgrund der neuen industriellen Produktionsorganisation enorme Mengen an Arbeitskräften erforderte, begann die zweite Migration vom Süden in den Norden, die auf die ersten Migrationsströme Anfang der 1950er Jahre folgte. Innerhalb des großstädtischen Gefüges bildete sich eine neue Generation von Arbeiter:innen heraus. Die Arbeitskraft in den Fabriken erlebte zu dem Zeitpunkt tiefgreifende Veränderungen hinsichtlich des Alters und der Herkunft. Balestrini und Moroni beschreiben die Situation wie folgt: »Eine zweite Arbeitergeneration bildete sich in den metropolitanen Strukturen. Es war eine aus ihrer bäuerlichen süditalienischen Kultur herausgerissene Generation mit der Erinnerung an die großen Niederlagen der Nachkriegszeit und ohne die Geschichte des Partisanenwiderstandes, daran gewöhnt, Arbeit als ›Mühe‹ und nicht als Befreiung zu sehen. In der Produktion auf der niedrigsten Stufe eingesetzt, zog diese Generation keinerlei Befriedigung aus ihrer Rolle als Arbeiter.« (Balestrini/Moroni 2002: 23)

Die Autoren betonen, dass die Arbeiter:innen, die aus dem Süden kamen, unter ganz anderen Bedingungen aufgewachsen waren als die Generation vor ihnen. Ihr Leben war zwar von Entbehrungen geprägt gewesen, aber da sie im Süden aufgewachsen waren, erschien die neblige Landschaft des Nordens für sie in einem dunkleren Licht. Die stumpfsinnige Industriearbeit und die hoffnungslose Disziplin, die ihnen aufgebürdet wurden, mussten ihnen wie eine neue, unmenschliche und unnötige Unterdrückung erscheinen.

1.3 Der Operaismus und die Verweigerung der Arbeit

Die starke Expansion der Produktion und die Bildung einer neuen Generation von Arbeiter:innen schufen die Grundlagen für das Entstehen einer neuen politischen Praxis, die die Geschichte des Operaismus prägen sollte: die Arbeitsverweigerung. Diese politische Praxis war sowohl eine unmittelbare Reaktion als auch Ausdruck des subtilen und weitsichtigen Bewusstseins dieser neuen Generation von Arbeiter:innen. In Verbindung mit der Ablehnung der Fabrikdisziplin spornte die Arbeitsverweigerung die Arbeiter:innen zur Erfindung von Sabotageakten und zum Widerstand gegen die Arbeitsorganisation an. Maurizio Lazzarato plädiert dafür, dass der Begriff der *Verweigerung der Arbeit* »die wichtigste politische Kategorie des italienischen Operaismus [ist]. Sie bezieht sich auf die individuellen und kollektiven Kampfpraktiken der ›Massenarbeiter‹ der großen fordistischen Fabriken, die mit ihren Fließbändern und ihrer Konzentration von Arbeiter*innen den Inbegriff der Ausbeutung im industriellen Kapitalismus repräsentieren.« (Lazzarato 2017: 9 f.)

Gemäß Lazzaratos Interpretation ist die Verweigerung der Arbeit das zentrale Vehikel, um neue Rechte unter den aktuellen Bedingungen der kapitalistischen Herrschaft durchsetzen zu können: »Die Verweigerung der Arbeit unter den Bedingungen gegenwärtiger Ausbeutung zu praktizieren bedeutet, neue Modalitäten des Kampfes und der Organisation zu erfinden, um [...] vor allem neue Rechte durchzusetzen, die an die neuen Modalitäten der Ausbeutung von Zeit angepasst sind, [...] Nur unter dieser Bedingung ist es möglich, dass wir die Radikalität, die Impertinenz, das Begehren nach Brüchen erneuern können – die hier wie anderswo anscheinend verloren gegangen sind.« (Ebd.: 15)

In den 1960er Jahren setzte sich in Italien also nach und nach eine Haltung des Ungehorsams durch. Jeden neuen Tag wurden die Fabriken Schauplätze von Widerstandshandlungen, Befehlsverweigerungen und Sabotagen. Es war eine ganz neue *Mikrophysik* des Widerstands und der Kämpfe, die sich damals als Reaktion auf die sich ständig wiederholenden und anstrengenden Arbeitsabläufe entfaltete. Der Kampf gegen die fordistische Arbeitsorganisation entstand aus den kapitalistischen Bedingungen der Ausbeutung, die von den Arbeiter:innen nicht mehr tolerierbar war. Dieser Kampf war der Motor für die grundlegenden Veränderungen der Produktionsweisen und der Machtverhältnisse in der Gesellschaft.

Zwischen Ende der 1950er und Anfang der 1960er Jahre wurde der Norden Italiens von einer Welle von Kämpfen durchzogen: 1959 in Mailand, 1960 in Genua, 1962 in Turin, 1963 in Porto Marghera (Balestrini/Moroni 2002: 18 ff., 80 ff., 93 f.; Ventrone 2012: 47 ff.). Es handelte sich um stark strukturierte, aber gleichzeitig spontane Kämpfe – oder zumindest solche, die nicht von den alten politischen und gewerkschaftlichen Organisationen durchgeführt wurden.

Die Entstehung neuer Kampfformen ist im Zusammenhang mit dem Auftreten einer neuen Arbeitskraft zu sehen, die die gesamte Zusammensetzung der Arbeiter:innenklasse umwälzte. Wie schon erwähnt, konstituiert sich diese neue Arbeitskraft prinzipiell durch die Migration vom Süden in den Norden. Einst waren die Migrant:innen Tagelöhner:innen in Süditalien, die sich dort gegen das Elend ihrer Lebensumstände auflehnten und für deren Veränderung kämpften. Von der Agrarreform betrogen, hatten sie die Ablehnung ihrer Lebensumstände bis zum Äußersten getrieben und sich für die Emigration in den Norden Italiens entschieden. Jetzt, in den neuen Macht- und Herrschaftsverhältnissen, in denen sie gefangen waren, lehnten diese Arbeiter:innen aus dem Süden ihre Stellung als ungelernte Arbeiter:innen ab. Einem immer noch aktuellen Stereotyp zufolge werden diese Migrant:innen, die Anfang der 1960er Jahre in die Städte kamen, um das städtische Proletariat zu vergrößern, als *Arme* gesehen, die Opfer der Moderne und der kapitalistischen Trennung zwischen vermeintlich entwickelten und unterentwicklten Ländern sind.[10] Die in der Fabrik mit den Arbeiter:innen durchgeführten Umfragen der Operaist:innen zeigen jedoch eine ganz andere Realität (Alquati 2022). Obwohl sie auf das Leid und die Entbehrungen der Migrant:innen achten, machen sie auch darauf aufmerksam, dass diese durch den Wunsch, die Neugier und das Bedürfnis, dem Elend des bäuerlichen Daseins zu entfliehen, zu ihrer Migration veranlasst wurden.[11] Sicherlich motivierten auch die Täuschungen des Massenkonsums diese Flucht zum Teil. Doch berücksichtigt man nur die bisher genannten Dimensionen, übersieht man andere wesentliche Aspekte dieser neuen Subjektivität (vgl. Borio/Pozzi/Roggero 2005).

Wie Angelo Ventrone hervorhebt, zeigt Mario Tronti in seinem Werk aus den 1960er Jahren, dass die Arbeiter:innen ein aktives Element in den Prozessen der Veränderung kapitalistischer Produktionssysteme sind: Ihr Verhalten zwingt das Kapital zu einer Reaktion. Wenn die Arbeiter:innen also nicht in den offenen Konflikt gehen, bedeutet das nicht, dass sie den Kampf aufgeben. Sie lehnen eine tradierte Form von Konflikt ab, weil sie ein neues Terrain entdecken, auf dem der Konflikt eine andere Form annehmen kann (Ventrone 2012: 45). Die Operaist:innen heben vielmehr die Vielfalt der neuen Kampfformen hervor: Arbeitsverweigerung, Sabotage, individueller und kollektiver Widerstand gegen die Organisation der Fabrikdisziplin. Durch ihre politischen und militanten Interventionen in den Fabriken können die Operaist:innen ein neues Licht auf die *mikrophysische* Landschaft des Widerstands werfen. Sie zeigen, dass die Arbeiter:innen ihre Arbeit und ihre Lage als Arbeiter ablehnen. In ihrem Ungehorsam widersprechen sie einer auf Produktivität basierten Ideologie und der Vorstellung, dass Arbeit Freiheit verspricht. Damit unterscheidet sich diese neue Generation von Migrant:innen aus dem Süden von den Arbeiter:innen aus dem Norden, die in den Industrien schon seit langem einbezogen waren.

1.4 Gefüge der zeitgenössischen Marxismen

An dieser Stelle lohnt es sich, das Verhältnis zwischen der operaistischen Theorie und Praxis der Arbeitsverweigerung und anderen zeitgenössischen marxistischen Denkfiguren zu betrachten.[12] Auf einer theoretischen Ebene führt die Praxis der Arbeitsverweigerung eine radikale Infragestellung von alten philosophisch-anthropologischen Vorstellungen im Hinblick auf die Frage der Arbeit mit sich. Marx, und nach ihm Foucault, haben gezeigt, wie das Leben und die Zeit der Individuen durch die kapitalistische Organisation der Arbeit vereinnahmt wird und wie sie zur Arbeit gezwungen werden. Foucault schreibt: »Es ist falsch, mit einigen berühmten Nachhegelianern zu sagen, dass das konkrete Wesen des Menschen die Arbeit ist. Die Zeit und das Leben des Menschen sind nicht von Natur aus Arbeit, sie sind Vergnügen, Diskontinuität, Feiern, Ausruhen, Bedürfnis, Momente, Zufall, Gewalt, etc. Diese ganze explosive Energie muss man nun in eine dauernd und dauerhaft zu Markte getragene Arbeitskraft transformieren. Man muss das Leben in Arbeitskraft synthetisieren, was den Zwang des Beschlagnahmesystems erfordert.« (Foucault 2015: 316)

Wenn Foucault mit seinen Analysen der Unterwerfungs- und Disziplinierungsprozesse die Transformation von Menschen in produktive Subjekte oder in Arbeitskraft beschreibt (vgl. Macherey 2014: 149 ff.), zeigt er ebenso, dass diese Transformation den Zwang zur Arbeit impliziert. Von diesem Standpunkt aus kritisiert Foucault eingehend die Engpässe und Widersprüche eines besonderen nachhegelianischen Denkens, das bis in die Gegenwart die Würde der Arbeit verkündet und die Existenz des Menschen oder seine vermutete Essenz mit Arbeit identifiziert.

Für seinen Teil bricht der Operaismus mit der Arbeitsethik, die auch den ideologischen Kitt der sozialistischen und kommunistischen Traditionen bildete. Der Operaismus der 1960er Jahre entfernt sich darüber hinaus vom italienischen Operaismus des beginnenden 20. Jahrhunderts. Letzterer war sowohl von den anarcho-syndikalistischen Positionen Georges Sorels als auch von der Zeitung *Ordine nuovo*, die von Antonio Gramsci mitherausgegeben wurde, geprägt (Borio/Pozzi/Roggero 2005: 12). Dieser Operaismus bezog sich auf die Figur der professionellen Arbeiter:innen, deren handwerkliches Geschick eine wichtige Rolle spielte. Die Idee des Stolzes der Produzent:innen und Arbeiter:innen auf ihre eigene Tätigkeit blieb deshalb bestehen. Wenn die professionellen Arbeiter:innen jedoch durch Massenarbeiter:innen ersetzt werden, deren Aufgabe in entfremdeter und sich wiederholender Arbeit besteht, liegt es nahe, dass dieser Stolz auf die eigene Tätigkeit verschwindet. Die Massenarbeiter:innen sind bloß ein Rädchen in einem Getriebe; sie lehnen sowohl die Arbeit als auch den Status als Arbeiter:innen ab. Der neue Operaismus der 1960er Jahre bricht also mit der vorherigen Form, da er ein neues Konzept und eine neue Praxis einführt, die sich auf die Idee der Arbeitsverweigerung konzentriert. Wie zuvor erwähnt, ist diese Verweigerung keine bloße politische Theoretisierung, sondern ergibt sich aus der praktischen Erkenntnis, dass die Arbeiter:innenklasse die ihr in den Fabriken auferlegte Arbeitsdisziplin ablehnt. Franco Piperno betont diesen Punkt ebenfalls, wenn er sagt: »Obwohl wir die anarcho-syndikalistische Tradition geerbt haben, war der Unterschied in diesem Punkt dennoch klar: Für uns (um es schematisch auszudrücken) war das Ziel des Kampfes die Zerstörung des Arbeiterzustands, nicht seine Verallgemeinerung als positives moralisches Element.« (Ebd.: 263)

In dieser Hinsicht ist der Unterschied zur sozialdemokratischen Tradition also enorm. An dieser Stelle wäre zu bemerken, wie solche Positionen mit der Kritik Walter Benjamins teilweise überlappen, auch wenn sich die Operaist:innen nicht direkt von Walter Benjamin inspirieren ließen. In der elften These seines kurzen Texts *Über den Begriff der Geschichte* entwickelte Benjamin eine Kritik an der vulgärmarxistischen Auffassung, wie sie im Gothaer Programm der Sozialdemokratischen Arbeiterpartei von 1875 zum Ausdruck kam: »Das Gothaer Programm [...] definiert die Arbeit als ›die Quelle allen Reichtums und aller Kultur‹. [...] Joseph Dietzgen [verkündet]: ›Arbeit heißt der Heiland der neueren Zeit ... In der ... Verbesserung ... der Arbeit ... besteht der Reichtum, der jetzt vollbringen kann, was bisher kein Erlöser vollbracht hat.‹ Dieser vulgärmarxistische Begriff von dem, was die Arbeit ist, hält sich bei der Frage nicht lange auf, wie ihr Produkt den Arbeitern selber anschlägt, solange sie nicht darüber verfügen können. Er will nur die Fortschritte der Naturbeherrschung, nicht die Rückschritte der Gesellschaft wahr haben.« (Benjamin 1991: 699)

Benjamins Kritik an der Sozialdemokratie zielt auf positivistische und historistische Auffassungen ab, die die Idee des Fortschritts herausstreichen: »Marx sagt, die Revolutionen sind die Lokomotiven der Weltgeschichte. Aber vielleicht ist dem gänzlich anders. Vielleicht sind die Revolutionen der Griff des in diesem Zug reisenden Menschengeschlechts nach der Notbremse.« (Ebd.: 1232) Benjamin bezieht sich auf das Bild des Zuges, um auf die Idee des Fortschritts zu verweisen. Wie eine gerade Linie treibt der Fortschritt voran. Was Benjamin aber an dem Bild des Zuges interessiert, ist die in ihm angelegte Notbremse. Wie Enzo Traverso hervorhebt, sind Revolutionen für Benjamin eine solche Notbremse, von der die im Zug reisenden Menschen manchmal Gebrauch machen müssen (Traverso 2023: 99 ff.). Mit anderen Worten: Benjamin verbindet die Idee des Fortschritts mit der Idee der Katastrophe oder des Sturms, wie er es in seiner neunten These zur Geschichtsphilosophie darstellt, in der er schreibt: »Das, was wir den Fortschritt nennen, ist *dieser* Sturm.« (Benjamin 1991: 698)

Die operaistische Perspektive teilt also mit Benjamin einige Kritikpunkte an der Sozialdemokratie, so beispielsweise die Kritik an der Idee des Fortschritts und der Arbeitsethik. Jedoch beschreiten die Operaist:innen mit ihren Überlegungen einen Weg, der sich darüber hinaus von der Benjamin'schen Kritik unterscheidet. Man könnte das Problem so resümieren: Wie kann man sich der Kritik des Historismus und der Dialektik der Geschichte als teleologischem Prozess anschließen und so eine nicht-teleologische Theorie des Klassenkampfs aufbauen, ohne zu der Vorstellung zu gelangen, dass alles auf die Katastrophe hinausläuft? Wie kann man nach der Benjamin'schen Kritik die Macht der Produktivkräfte denken, die in der Lage sind, die herrschenden Produktionsverhältnisse zu zerschlagen? Die operaistische Antwort auf diese Fragen wird einen besonderen Weg in den italienischen Neomarxismus bahnen. Sicherlich wirkt der Schatten der Kritik von Benjamin auf die gesamte zeitgenössische Kultur und kann von den Operaist:innen nicht ignoriert werden. Aber im Mittelpunkt der operaistischen Überlegungen steht die Frage nach dem Potenzial der Produktivkräfte, das eine andere Welt schaffen kann. In den frühen 1960er Jahren schreibt Mario Tronti: »Die Revolution der Arbeiter [darf] nicht stattfinden, wenn das Kapital schon in der Katastrophe einer allgemeinen Krise zusammengebrochen ist, noch kann sie vorher kommen, wenn der Kapitalismus einen spezifischen Entwicklungszyklus noch nicht einmal begonnen hat. Die Revolution kann und muß sich gleichzeitig mit diesem Prozess vollziehen; sie muss als innere Komponente der Entwicklung und gleichzeitig als ihr innerer Widerspruch erscheinen; eben wie die Arbeitskraft, die nur aus dem Innern des Kapitals heraus die gesamte kapitalistische Gesellschaft in eine Krise stürzen kann.« (Tronti 1974: 36)

Vor diese Probleme sieht sich Tronti nicht allein gestellt. Die Frage der Macht der Produktivkräfte bildet auch den Mittelpunkt der Überlegungen bei Nicola Massimo De Feo. Diese stehen im Zusammenhang mit der Kritik des Historismus und der Dialektik der Geschichte und entstanden durch eine Auseinandersetzung mit den operaistischen Strömungen. Im Gegensatz zu anderen Operaist:innen, ist De Feos Position weniger eindeutig. Einerseits hört er nicht auf, den zerstörerischen Charakter des Kapitalismus zu betonen. Im heideggerianischen Sinne könnte man sagen, dass die Dimension der Zerstörung über den Kapitalismus hinausgeht und der technologischen Struktur des Westens zugehört. Dazu betont er, dass das Kapital die »Allmacht der technologischen Herrschaft, [...] benutzt, um das System der universellen Enteignung als reale Subsumtion und Unterdrückung des Lebens in der nihilistischen Ordnung der nuklearen Zerstörung zu reproduzieren« (De Feo 1992a: 272; Übersetzung d. A.).[13] Für De Feo spielt die Idee der Katastrophe eine entscheidende Rolle. Der Gedanke, dass der Kapitalismus ein System zerstörerischer Kräfte mit unumkehrbaren Triebkräften ist, liegt seiner Analyse zugrunde. Andererseits stellt De Feo aber auch fest: »Nur die Arbeiterkämpfe für ihre Bedürfnisse sind revolutionär, weil sie die Zerstörung der Ausbeutung und Unterdrückung anstreben, die durch die Arbeit und die staatliche Ordnung reproduziert werden. Und es ist dieser Kampf, der reale Transformationen des Systems hervorbringt, anregt und auslöst.« (De Feo 1992b: 43; Übersetzung d. A.)

Das bedeutet, dass De Feo mit Benjamin einerseits die Idee des zerstörerischen Charakters der Technologie und des Kapitalismus teilt. Aber gleichzeitig vertritt er nicht die Vorstellung der Revolution als Notbremse. De Feo verweist auf die Kraft der revolutionären Subjektivität, nämlich auf die sozialen und politischen Bewegungen als Ressourcen, die die Destruktivität der kapitalistischen Machtverhältnisse zerstören können. Sein Ansatz geht dabei weder in die Richtung der Benjamin'schen Kritik noch in die der Potenz der Multitude, die in Negris Werk, wie zu sehen sein wird, zentral ist. Der von De Feo entworfene Weg stimmt eher mit den von Karl-Heinz Roth entwickelten Thesen zu einer *anderen Arbeiterbewegung* überein.

1.5 Die *andere* Arbeiterbewegung

Die Kritik der Arbeitsideologie, die – wie angedeutet – über die operaistische Tradition hinausgeht, spielt eine zentrale Rolle im autonomen Marxismus der zweiten Hälfte des 20. Jahrhunderts, weil sie die Spaltung zwischen zwei Strömungen der Arbeiter:innenbewegung zeigt. In einem 1974 erschienenen Buch, das Teile der italienischen Autonomie-Bewegung in den 1970er Jahren stark beeinflusste, rekonstruiert Karl-Heinz Roth die Geschichte der *anderen* Arbeiterbewegung von 1880 bis zur Gegenwart (Roth 1974). In seiner Analyse spielt der Begriff der (kapitalistischen) Repression eine wichtige Rolle. Roths historische Rekonstruktion des Klassenkampfs während des 20. Jahrhunderts impliziert die Beobachtung, dass das Kapital die Einheit und Vereinigung der Arbeiter:innenklasse immer wieder aufbrechen muss, um ihre Kämpfe unterdrücken zu können. Die mächtigsten Mittel, über die das Kapital verfügt, um die Arbeiter:innenklasse zu kontrollieren, bestehen nach Roth in der minutiösen Kontrolle der Arbeiter:innenklasse durch ihre Fragmentierung, die als Versuch und Strategie verstanden werden muss, die politische Einheit der Arbeiter:innenklasse zu verhindern. Dazu gehörten physische Gewalt und Unterdrückung als Regierungsformen, die insbesondere während des Nationalsozialismus verstärkt und später durch eine technologisch-disziplinäre Kontrolle ersetzt wurden, die die Anwendung physischer Gewalt nicht mehr benötigte.

Roth beschreibt drei Phasen der kapitalistischen Repression der Arbeiter:innenkämpfe: die Kämpfe ab 1880, die der Machtergreifung der Nationalsozialisten vorangehen; die Kämpfe während des Nationalsozialismus; und die nach dem Nationalsozialismus bis zum September 1969. Die Geschichte der anderen Arbeiterbewegung ist die *ungeschriebene* Geschichte, die Geschichte der Mehrheit der Arbeiter:innenklasse, die von der offiziellen Rekonstruktion der Arbeiter:innenbewegung ausgeschlossen ist.[14] Roth weist darauf hin, dass der:die professionelle Arbeiter:in, der:die nur ein Teil der Arbeiter:innenklasse war, von den Gewerkschaften zur repräsentativen Figur der gesamten Arbeiter:innenklasse gemacht wurde.

Roth schreibt: »Der professionelle Arbeiter war also tragende Säule und Motor des wilhelminischen Arbeiterreformismus. Es war kein ›Verrat‹, sondern politischer Ausdruck der Stellung des Facharbeiter-Technikers in der Produktion, dass für ihn die proletarische Revolution eine Sache des geduldigen Abwartens, der kleinen Schritte, des ›Hinüberwachsens‹ durch kontinuierlichen institutionellen Druck, des kontinuierlichen und reibungslosen Fortgangs des Produktionsflusses, kurzum: eine Sache jenseits der Unordnung, der revolutionären Gewalt und des bewaffneten Aufstands war.« (Roth 1974: 24)

Im Mittelpunkt von Roths Analyse steht eine doppelte Kategorie: auf der einen Seite die *offizielle* Arbeiter:innenbewegung, d.h. der professionelle Arbeiter:innentypus, der Teil der multinationalen Arbeiter:innenklasse ist; auf der anderen Seite die Mehrheit der *unqualifizierten* Arbeiter:innen. Roth fährt fort: »Der professionelle Arbeitertypus [war] nur eine schmale, wenige Industriezweige von der Arbeiterseite her beherrschende Schicht der Arbeiterklasse, und wenn man die schmale Basis bedenkt, von der her die Klassenbeziehungen institutionalisiert wurden, tun sich Abgründe auf. [...] Es war lediglich die aus der besonderen Stellung innerhalb der Produktion herrührende soziale Aktivität, die den Facharbeiter zur dominierenden Figur in der damaligen Arbeiterbewegung machte. Demgegenüber ist die Geschichte der quantitativen Mehrheit der damaligen Arbeiterklasse, ihrer Ausbeutungssituation und ihrer Kampfformen, bis heute noch ungeschrieben. Nicht, dass es an Archivmaterialien oder Einzeluntersuchungen mangeln würde ...« (Ebd.: 25 f.)[15]

Roth hebt die Spaltung zwischen zwei Formen des Klassenkampfs hervor: Während also die Gewerkschaften den Weg der Vermittlung gehen wollen, um die Explosion und die Gewalt der Arbeiter:innenautonomie zu bändigen, zu kanalisieren und sie in die Richtung der kapitalistischen Akkumulation von Profiten zu lenken, greift die Masse der unqualifizierten Arbeiter:innen die kapitalistische Arbeitsorganisation an. Der Klassenkampf nimmt in dem Fall eine extreme und gewalttätige Form an.

Die Thesen von Roth entstanden im sozialen Kontext der 1970er Jahre, in dem es eine politische und intellektuelle Hochkonjunktur gab, die neue Lebensstile, Wissensformen und soziale Praktiken hervorbrachte (Lorey/Nigro/Raunig 2011: 11ff.). Roths Werk beeinflusste Autoren wie Negri, De Feo oder Sergio Bologna, die sich kritisch mit ihm auseinandersetzten (Cuninghame 2003).

1.6 (*Holz)*wege in den Operaismus

Roths Texte und Analysen prägten auch das Werk von De Feo, das aus ganz anderen theoretischen Kontexten stammte. Dennoch gibt es produktive Überschneidungen mit Roths Werk, indem De Feo seine historischen und theoretischen Ansätze durch eine breitere philosophische Rekonstruktion erweitert und perspektiviert hat. In zwei grundlegenden Studien, die Anfang der 1990er Jahre als Resultat einer am Anfang der 1970er Jahre angefangenen Forschung erschienen, zeichnete De Feo die Geschichte und die Debatte der deutschen Soziologie in den Jahren des Kaiserreichs nach und konzentrierte sich dabei auf die Erfahrungen des Vereins für Socialpolitik (1872–1933). Insbesondere bezog sich seine Arbeit auf die Werke von Max Weber, Werner Sombart, Gustav von Schmoller und Lujo Brentano (De Feo 1992b).

Zum anderen kontrastierte er die Geschichte des kapitalistischen Reformismus und der Rationalisierung, wie sie sich durch die Diskussionen des Vereins für Socialpolitik rekonstruieren ließ, mit dem Hinweis auf die subversiven Kräfte des sozialen Proletariats, dessen Aktionen unter Bezugnahme auf eine Reihe historischer Aufstandsereignisse beschrieben wurden. In seinem Buch *L'autonomia del negativo* (De Feo 1992a) bezog sich De Feo auf die kollektiven und individuellen Kämpfe von anarchistischen Figuren wie Sergej Netschajew, August Reinsdorf,

Johann Most, Joseph Peuckert, Arnold Roller und Karl Plättner, um die Geschichte der proletarischen Aufstände zu rekonstruieren. De Feo hat damit die Kluft zwischen den Kämpfen großer Teile des sozialen Proletariats auf der einen Seite und den sozialistischen und reformistischen Strategien der wichtigsten Organisationen der Arbeiter:innenbewegung auf der anderen Seite aufgezeigt (Marzocca 2005: 20).

In seiner theoretischen Arbeit verfolgt De Feo also zwei Wege: Zunächst ermöglichte es ihm die Rekonstruktion der Diskussionen innerhalb des Vereins für Socialpolitik aufzuzeigen, wie das Werk von Marx und der Marxismus (im breiteren Sinne) auf eine Ideologie der Arbeit reduziert wurden. Diese Deutung von Marx, die die berühmten deutschen Soziologen, von Sombart bis Weber, entwickelt hatten, ermöglichte es, das Werk von Marx zu »legalisieren«, indem sie den politisch-revolutionären Charakter seiner Schriften ausblendeten. So schreibt De Feo: »Der Marxismus als Theorie, die die Dynamik der Entwicklung der Produktivkräfte und der Produktionsverhältnisse erklärt, wird, sobald er von seiner kritischen Funktion als Theorie der proletarischen Revolution und der Krise des Systems ›befreit‹ ist, für Weber und Sombart zum geeignetsten theoretischen Instrument für diesen Zweck: seine Verwendung zugunsten der kapitalistischen Entwicklung.« (De Feo 2000: XIV; Übersetzung d. A.)

Indem die revolutionären Aspekte, die auf die proletarische Revolution hinweisen, verdrängt wurden, konnte das Werk von Marx genutzt werden, um die Entwicklung des Kapitalismus zu analysieren und zu rechtfertigen. De Feos Auslegung ist von besonderer Bedeutung, weil sie aufzeigt, dass die Debatten innerhalb des Vereins für Socialpolitik den Weg für den sozialdemokratischen Reformismus bahnten. Demgegenüber ist die Geschichte der *anderen* Arbeiterbewegung wichtig, weil sie den irreduziblen revolutionären Charakter des Werks von Marx herausstreicht und auf die Kraft der proletarischen Revolution hinweist. Um zu der Geschichte der *anderen* Arbeiterbewegung beitragen zu können, rekonstruiert De Feo die intellektuellen Biografien einiger deutscher und russischer Anarchisten aus dem 19. und 20. Jahrhundert. Darüber hinaus bezieht er sich auf die Abschnitte der *Grundrisse*, in denen Marx die Kritik des Proudhonismus als Ideologie des gerechten Tauschs und der egalitären Verteilung beschreibt (Marx 1983: 49 ff.). Damit insistiert De Feo auf Marx' Opposition zum Sozialismus und zeigt, wie aktuell dessen Analyse als Beitrag zur Kritik der totalitären Entwicklungen des Sozialismus in der Sowjetunion ist.

1.7 Krise der traditionellen Arbeiter:innenorganisationen und Beginn einer neuen Klassenzusammensetzung

In welchem Zusammenhang stehen diese neueren theoretischen Ansätze mit der explosiven politischen und sozialen Situation in Italien? Um die Herausforderungen und Grenzen von De Feos Thesen zu erfassen, müssen diese in den historischen Bedingungen und dem Operaismus der Zeit situiert werden, innerhalb derer auch Negris Werk zu entstehen beginnt. Die neuen Formen des Kampfs, des Widerstands und der Bündnisbildung, die sich Anfang der 1960er Jahre in Italien entwickeln, blieben den traditionellen Arbeiter:innenorganisationen verborgen, die aus den Transformationen schlussfolgerten, dass die Kämpfe verschwunden und die revolutionären Kräfte der Arbeiterklasse eingeschlafen seien. Zu diesem Zeitpunkt bestand die Strategie der Führung der Kommunistischen Partei (PCI) und der offiziellen Arbeiterbewegung darin zu versuchen, sich im institutionellen politischen Feld zu verankern. Aus dieser Perspektive betrachtete die sozialistische Tradition (inklusive der Kommunistischen Partei) die Spontaneität dieser neuen Kämpfe als einen politischen Rückschritt, da ihr diese als Zeichen für das Fehlen eines politischen Projekts erschien.

Vom sozialistischen Standpunkt konnten diese neuen Kämpfe irrational und widersprüchlich, partikularistisch und sogar egoistisch erscheinen, da ihnen eine Strategie und ein politisches Programm fehlten, die die Errichtung des Sozialismus zum Ziel hatten. Die neuen Subjekte dieser Kämpfe waren nicht politisiert, sie kannten die klassischen Formen der politischen Sozialisation nicht und waren im Diskurs der etablierten politischen Organisationen nicht vertreten. Ihre unmittelbaren und autonomen Kämpfe nahmen oft Formen an, die sich der klassischen Logik der Arbeiter:innenkämpfe entzogen. Aus diesem Grund haben die alten politischen Organisationen sie als grundsätzlich unpolitisch beurteilt. Die alten sozialistischen und kommunistischen Organisationen, die mit der Ablehnung der gewerkschaftlichen Vertretung, der Arbeiter:innenparteien und der Arbeitsethik konfrontiert waren, interpretierten diese neuen ungehorsamen Formen der Arbeiter:innen als Faulheit und Opportunismus. Sie neigten dazu, diese neuen Arbeiter:innen als reaktionäre oder sogar faschistische Subjekte zu betrachten (vgl. Borio/Pozzi/Roggero 2005: Einleitung; Roggero 2023).

In dieser einzigartigen sozialen, politischen und historischen Hochkonjunktur entwickelte sich in den frühen 1960er Jahren der Operaismus.[16] Streng genommen ist der Operaismus weder eine einheitliche politische Theorie noch eine Denkschule. Der Begriff bezeichnet vielmehr ein Netzwerk von Intellektuellen, Aktivist:innen und Wissenschaftler:innen mit unterschiedlichen Hintergründen, die durch ihr gemeinsames Interesse an der laufenden Transformation des Kapitalismus und an der Dimension der Subjektivität, die in der sozialistischen Tradition immer wieder vernachlässigt wurde, zusammengeführt wurden. Die Art und Weise, wie diese Intellektuellen und Aktivist:innen das Konzept der *Klassenzusammensetzung* betonen, verdeutlicht ihr Interesse an der Dimension der Subjektivität, die vielfältiger gedacht wird als in orthodoxen marxistischen Traditionen (vgl. Bologna 1972; Wright 2005: Kap. 4).

Das Konzept der Klassenzusammensetzung bezieht sich auf zwei Punkte. Zum einen spricht man von der *technischen* Klassenzusammensetzung (Moulier-Boutang 2021). Dieses Konzept impliziert, dass die hierarchischen kapitalistischen Verhältnisse der Arbeitskraft eine Form geben: Sie ordnen, disziplinieren und formen sie. Der klassische oder offizielle Marxismus, der von den sozialistischen oder kommunistischen Parteien übernommen wurde, hat diesen Aspekt betont. Er betrachtete die Arbeiter:innenklasse in erster Linie als Arbeitskraft, die durch die objektiven ökonomischen Gesetze, die die Produktion und Reproduktion der kapitalistischen Gesellschaft beherrschen, hervorgebracht wird.

Es gibt jedoch noch eine weitere Dimension, die mit dieser verschränkt ist und die man als subjektiv definieren kann. Es ist die politische Klassenzusammensetzung, auf der die Operaist:innen beharren. Für Operaist:innen hängen kapitalistische Entwicklung, Technologie und Arbeitsorganisation nicht so sehr von objektiven Gesetzen ab, sondern von den Machtverhältnissen zwischen den Klassen und von subjektivem Verhalten.

Die politische Zusammensetzung einer Klasse bezieht sich also eher auf ein kulturelles Erbe, auf Denkweisen, Bedürfnisse oder Wünsche, auf die Art und Weise, wie man sich selbst wahrnimmt und wie man sich gegenüber anderen verhält. Die Frage nach der politischen Klassenzusammensetzung bedeutet zu verstehen, wie die Klasse (und die Subjekte, aus denen sie sich zusammensetzt) lebt oder denkt; dies setzt voraus, dass man die

Werte, die sie teilt, ihre Erwartungen und Wünsche, versteht. Im Konzept der politischen Klassenzusammensetzung spielen auch die Kämpfe eine sehr wichtige Rolle. Romano Alquati, der zu den Ersten gehörte, die dieses Konzept der Klassenzusammensetzung verwendeten, betonte, dass Kämpfe immer einen zeitversetzten Ursprung haben. Sie haben einen Hintergrund, sie wurzeln in einer sozialen Tradition, in einer Arbeiterkooperation; sie setzen sich in dem Sinne zusammen, insofern jeder Kampf eine politische Erfahrung sedimentiert, Formen der Subjektivität hervorbringt und so die Voraussetzung für einen zukünftigen Kampf bilden kann (Alquati 1975: 81 ff., 219 ff.; Alquati 2021; Cominu 2023; Lange 2021). Diese Kämpfe zwingen das Kapital zu reagieren, seine eigene Organisation zu erneuern und seine Struktur auf technologischer und hierarchischer Ebene zu verändern. Von der Klassenzusammensetzung zu sprechen bedeutet daher nicht nur, sich auf die Struktur der Arbeitskraft aus soziologischer Sicht zu beziehen, sondern auch die Form der Subjektivität zu betrachten und dabei zu berücksichtigen, dass sie niemals nur unterworfene Form, sondern auch ein Überschuss an Subjektivierung ist. Die Form, die die Subjektivität zu einem bestimmten Zeitpunkt der kapitalistischen Entwicklung annimmt, wird niemals nur von den Bedingungen der kapitalistischen Entwicklung bestimmt, sondern hängt auch von Veränderungen ab, die mit den Bedürfnissen, Kämpfen und Existenzweisen verbunden sind.

Alle diese Themen, die die politische Dimension der proletarischen Subjektivität betreffen, werden eingängig von Mario Tronti in seinem einflussreichen Werk *Arbeiter und Kapital* formuliert.

1.8 Kämpfe gegen die Arbeit

In seinem zunächst in *Classe operaia* 1964 erschienenen Text *Lenin in England* schreibt Mario Tronti: »Auch wir haben erst die kapitalistische Entwicklung gesehen und dann die Arbeiterkämpfe. Das ist ein Irrtum. Man muss das Problem umdrehen, das Vorzeichen ändern, wieder vom Prinzip ausgehen: und das Prinzip ist der proletarische Klassenkampf. Auf der Ebene des gesellschaftlich entwickelten Kapitals ist die kapitalistische Entwicklung den Arbeiterkämpfen untergeordnet, sie kommt nach ihnen, und der politische Mechanismus der eigenen Produktion muss ihnen entsprechen. Das ist keine rhetorische Erfindung und dient nicht dazu, wieder Vertrauen zu gewinnen.« (Tronti 1964: 87)[17]

Gegen die von der sozialistischen und kommunistischen Tradition verbreitete Vorstellung, das Proletariat sei das passive Subjekt der Ausbeutung, ein bloßes Produkt der kapitalistischen Produktionsverhältnisse, das den Gesetzen der Kapitalentwicklung unterworfen ist, zeigt Tronti im Gegenteil, dass die Entwicklung des Kapitalismus dem Kampf der Arbeiter:innenklasse untergeordnet ist. Die Logik wird damit umgekehrt. Bewegungen, individueller und kollektiver Widerstand zwingen das Kapital, Widerstand zu leisten, neue Formen der Ausbeutung und neue Formen der Arbeitsorganisation zu erfinden, um die lebendige Arbeitskraft zu zügeln.[18]

Arbeiter und Kapital und die Arbeit im Kontext der Zeitschrift *Quaderni rossi* können als die grundlegenden Momente der Entstehung der operaistischen Erfahrung betrachtet werden. Die Bestandteile dieser Erfahrung decken sich mit den Studien zu den Arbeitsbedingungen, die die Operaist:innen in Form der Arbeiter:innenuntersuchungen in den Fabriken durchführten (vgl. Alquati 1974).

Im Gegensatz zu den früheren linken politischen Organisationen interessierten sich die Operaist:innen für die neuen Kampfformen, die von diesen Arbeiter:innen entwickelt wurden, die weder die soziologischen Merkmale noch die traditionellen Werte der Arbeiterklasse in den großen Fabriken Norditaliens abbildeten. Anstatt diese Haltungen als bloßen Opportunismus zu betrachten, gab es bei den Operaist:innen eine Sensibilität für die ethischen Aspekte der Arbeitsverweigerung und der Ablehnung der politischen und gewerkschaftlichen Vertretung.

In *Lenin in England* bringt Mario Tronti die Schwierigkeit zum Ausdruck, mit der sie konfrontiert waren: »die Schwierigkeit, in Abwesenheit der entsprechenden institutionellen Ebenen die materiellen Bewegungen der Klasse zu erfassen, das heißt auf der Ebene, auf der sich normalerweise das Klassenbewusstsein ausdrückt.« (Tronti 1964: 88) Und er fügt hinzu: »Keine Zusammenarbeit auf programmatischer Ebene, organisierte Passivität, polemische Erwartung, Ablehnung der Politik und Kontinuität der permanenten Kämpfe sind die historisch besonderen Formen, in denen sich heute der Kampf der Arbeiterklasse allgemein ausdrückt. Transitorische Formen einer transitorischen Situation, wenn die Arbeiter sich gesellschaftlich schon jenseits der alten Organisationen und doch noch diesseits einer neuen Organisation befinden: in der Tat, ohne politische Organisation, weder reformistisch noch revolutionär.« (ebd.: 88)

Es ließe sich auch sagen, dass Tronti im italienischen Neomarxismus eine *kopernikanische Revolution* durchführt (Tronti 1974). Tronti schärft die hegelianische Herr-Knecht-Dialektik nicht nur in einem marxistischen Sinn, sondern gibt ihr auch einen nietzscheanischen Anstrich (Hegel 1986: 145 ff.).[19] Er schreibt: »Die Arbeiterklasse tut, was sie ist. Aber sie ist zugleich Voraussetzung und Auflösung des Kapitals. Die Macht des Kapitals sucht den Antagonistenwillen der Arbeiter als Motor für die eigene Entwicklung zu benutzen. [...] Die moderne Gesellschaft ist in Wahrheit die Zivilisation der Arbeit. Eine kapitalistische Gesellschaft kann gar nichts anderes sein als das. Eben aus diesem Grund kann sie im Laufe ihrer historischen Entwicklung sogar die Form von ›Sozialismus‹ annehmen. Nicht industrielle Gesellschaft folglich, also die des Kapitals, sondern Gesellschaft der industriellen Arbeit und also der Arbeit der Arbeiter. Eben als solche die kapitalistische Gesellschaft zu bekämpfen, müssen wir den Mut finden. Und was tun die Arbeiter anderes, wenn sie gegen den Kapitalisten kämpfen? Kämpfen sie nicht zuallererst gegen die Arbeit? Sagen sie nicht zuallererst nein zu der Umwandlung der Arbeitskraft in Arbeit? Weigern sie sich nicht zuallererst, vom Kapitalisten Arbeit zu bekommen? Enthaltung von der Arbeit ist in der Tat keine Weigerung, dem Kapital die Anwendung der Arbeitskraft zu überlassen, denn diese ist ihm bereits überlassen worden mit dem gesetzlichen Vertrag von Kauf und Verkauf jener besonderen Ware. [...] In der Gesellschaft des Kapitals hat die politische Macht tatsächlich eine ökonomische Notwendigkeit: die nämlich, mit Gewalt die Arbeiterklasse zu zwingen, auf die eigene gesellschaftliche Rolle als herrschende Klasse zu verzichten.« (Tronti 1974: »Die Strategie der Verweigerung«: 204 ff.)

1.9 Die lange Geschichte des kurzen 20. Jahrhunderts

Die Kernthese von Tronti und dem Operaismus im breiteren Sinn lautet, dass die großen historischen Veränderungen nicht durch den Hinweis auf eine natürliche und technologische Entwicklung des Kapitals begriffen werden können, sondern als Verschiebungen der Macht- und Kräfteverhältnisse zwischen

Kapital und Arbeiter zu interpretieren sind. Das bedeutet, dass die dynamische Dimension und Rolle der Arbeiterklasse und der revolutionären Subjektivität im Mittelpunkt der Analyse stehen sollen, weil sie die Geschichte des Kapitalismus prägen. Die Relevanz dieser These nimmt im Werk Negris eine besondere Bedeutung an, weil er zeigt, dass die Arbeiterklasse die treibende Kraft in der Geschichte des 20. Jahrhunderts ist – in der Geschichte dieses kurzen 20. Jahrhunderts, das in mancher Hinsicht bereits im 19. Jahrhundert begonnen hat.[20]

Über die operaistische Tradition hinaus sind die Analogien zwischen den Aufständen des 20. Jahrhunderts und des 19. Jahrhunderts von vielen Autor:innen hervorgehoben worden und damit die Kontinuität der aufständischen Kräfte des Proletariats (De Feo 1992b: 1ff.). Immanuel Wallerstein beispielsweise stellt eine Verbindung zwischen dem Mai 68 und den Revolutionen von 1848 her, die er als zwei Schlüsselmomente in der Geschichte des kapitalistischen Weltsystems interpretiert (Wallerstein 2012). Aus einem völlig anderen Blickwinkel weist Jacques Rancière darauf hin, inwieweit 1968 wieder eine Sprache der Emanzipation und Gleichheit aufleben lässt, die von den Pariser Proletariern in der ersten Hälfte des 19. Jahrhunderts erfunden wurde (Rancière 2013).

Zu dieser Frage der Rolle der Arbeiterklasse im Prozess der kapitalistischen Entwicklung nimmt auch Negris Werk Stellung. Seine Position betont die Autonomie der Arbeiterklasse. Die Aufstände vom Juni 1848 in den Straßen von Paris, die Kommune von 1871 als Bewegung der »Enteignung der Enteigner«, wie Marx sie in seinen Schriften zum Bürgerkrieg in Frankreich beschreibt (1962: 342), zeigen, dass die Arbeiter:innenklasse zu einer unabhängigen Variablen im Prozess der kapitalistischen Entwicklung wird und damit zu einem politischen Subjekt, einem historischen Protagonisten, einer politisch konsistenten Klasse.

Es geht nicht darum, die teleologische und idealistische Richtung einer Emanzipation zu markieren, sondern die Realität der neuen Macht- und Kräfteverhältnisse aufzuzeigen.

Laut Negri nimmt die bolschewistische Revolution von 1917 in der Reihe der revolutionären Ereignisse, die im 19. Jahrhundert beginnen und sich im 20. Jahrhundert fortsetzen, in mehrfacher Hinsicht eine herausragende Stellung ein. Zum einen bringt sie eines der wichtigsten politischen Organisationsmodelle des 20. Jahrhunderts hervor. Andererseits ist der Bruch von 1917 der Beginn der zeitgenössischen Phase der Kapitalentwicklung.[21]

Negri zeigt, dass die erste kapitalistische Antwort auf die Oktoberrevolution darin bestand, das revolutionäre Ereignis zu isolieren und zu bändigen. Die Revolution sollte isoliert und in einem einzigen Land eingedämmt werden. Um die bolschewistische Revolution zu bekämpfen, versuchte das Kapital, die Partei zu isolieren und sie von der gesamten Klasse zu trennen. So schreibt Negri: »The October Revolution had once and for all introduced a political quality of subversion into the material needs and struggles of the working class, a spectre that could not be exorcised.« (Negri 1988: 10)

Aber wie reagiert das Kapital auf die von der Oktoberrevolution ausgehende Gefahr? Die Reaktion des Kapitals führt zu einer grundlegenden und übergreifenden Transformation der politischen Regierungsformen und Produktionsweisen. Die Einführung des Taylorismus und der fordistischen Revolution in die neue Arbeitsorganisation ist ein Teil dieser Reaktion. Taylorismus und Fordismus trugen dazu bei, die Partei, d. h. die Gefahr der bolschewistischen Avantgarde, von der gesamten Arbeiterklasse zu trennen: »Taylorism, the Ford revolution in production and the new ›American organisation of work‹ had precisely this function: to isolate the Bolshevik vanguards from the class and expel them from their hegemonic producer role, by means of a massification of the productive process and deskilling of the labour force.« (Ebd.)

Das Fließband, die wissenschaftliche Arbeitsorganisation und die Fragmentierung der Arbeiter:innenklasse waren die politischen Dispositive, die es dem Kapital ermöglichten, Gegenmaßnahmen zu ergreifen, um die Gefahren der Revolution abzuwehren. Taylorismus und Fordismus können als kapitalistische Antwort auf die neue Klassenzusammensetzung und die damit verbundenen Gefahren interpretiert werden. Doch konnte das Gespenst, das die Oktoberrevolution hervorbrachte, nicht einfach gebändigt werden, weil die Einführung der Modelle des Fordismus und Taylorismus in die Fabrik die Vergesellschaftung der Arbeitskraft auch weiter vorantrieben und damit die Möglichkeit, dass sich die Arbeitskraft politisch organisiert und zur Arbeiter:innenklasse wird. Sie verlagerten auf diese Weise die politische Neuzusammensetzung der Arbeiter:innenklasse auf eine andere Ebene. Um weiterhin existieren zu können, musste das Kapital andere Formen der politischen Kontrolle entwickeln. Die Möglichkeit, dass die Arbeiter:innenklasse autonom wird, musste abgewendet werden. »[Taylorism and Fordism] in turn accelerated the injection of new proletarian forces into production, breaking the striking-power of the old working-class aristocracies, neutralizing their political potential and preventing their regroupment. Just as earlier, in the mid-nineteenth century, capital had attempted to break the nascent proletarian front by means of a new industrial structure which fostered the creation of labour aristocracies, so, after 1917, with the increasing political fusion of this differentiation within the class and after the political recomposition that the working class had achieved in the wake of that breakpoint in the cycle, capital once again turned to the technological path of repression.« (Ebd.)

Negris Interpretation zufolge ist die Zeit von 1917 bis 1929 entscheidend, weil Sektoren der kapitalistischen Intelligenzija in diesem Zeitraum verstanden, dass die Kraft der Arbeiter:innenklasse nicht verkannt oder leichtfertig behandelt werden dürfe. Keynes ist einer der scharfsinnigsten Interpreten der Krise seiner Zeit, weil er die Bedenklichkeit der Lage versteht, was in seiner berühmten Formulierung zum Ausdruck kommt: »In the long run we are all dead.« (Ebd.: 24) So schreibt Negri: »This is the origin of the *General Theory*, Keynes' political manifesto. It is a manifesto of conservative political thinking, in which a sense of present depression and anxiety for a doubtful future paradoxically combine to force a systematic revolutionizing of the whole of capitalist economics.« (Ebd.: 23)

Wenn die Kraft der Arbeiterklasse nicht völlig gebändigt werden kann, dann muss man mindestens verhindern, dass sie überbordet. Dazu bedarf es gouvernementaler Maßnahmen und Praktiken, mit denen die Gefahren, die von der Arbeiter:innenklasse ausgehen, verringert werden können. Die Kraft der Arbeiterklasse soll nicht nur reduziert, sondern auch kanalisiert werden, sodass sie eher der Entwicklung des Kapitals dient. Die Krise von 1929 schafft eine neue gouvernementale Politik als Antwort auf die Oktoberrevolution.[22] Sie bringt das *Laissez-faire*-System und die Trennung zwischen Staat und Markt zu Fall und öffnet den Weg für die Intervention des Staates in die Produktionsweisen. Negri zufolge wären diese Transformationen jedoch unverständlich, wenn man in diesen Übergängen nicht den Versuch erkennen würde, den Antagonismus und den Klassenkampf auf allen Ebenen unter Kontrolle zu bringen.

Keynes versucht, dieser Entwicklung einen Weg zu weisen. Für ihn müssen die Auswirkungen der Russischen Revolution kontrolliert und blockiert werden. Es ist notwendig, die Russische Revolution zu begrenzen, sodass sie auf eine innere Angelegenheit eines einzigen Landes beschränkt bleibt. Das politische Problem besteht darin, dafür zu sorgen, dass die Avantgarde nicht in anderen Ländern wuchert.

In seinem Text ahnt Negri den möglichen Einwand, der von Leser:innen kommen und darin bestehen könnte zu sagen, dass die Verbindung zwischen 1917 und 1929 konstruiert ist, da die Wall-Street-Krise ihren Ursprung in der damaligen US-Wirtschaft hat und nicht, wie in seinem Buch argumentiert, in einem unmöglichen Zusammenhang mit politischen Ereignissen, die sich in weit entfernten Ländern abspielen: »It would seem obvious to suppose that the events of 1917 had no bearing on those of 1929. But behind the obviousness of this statement Keynes and the Capitalist Theory of the State post-1929 lies a fabric of historical relations which, if we can identify them, will give a greater overall meaning to the crisis of '29, even if they do not wholly explain it.« (Negri 1988: 21 f.)

Die Krise von 1929 hat ihren Ursprung in der Entwicklung der 1920er Jahre und in den Widersprüchen, die sich bereits seit Anfang des Jahrhunderts angesammelt hatten. Doch anhand von Keynes' Werk zeigt Negri, dass Keynes die Kritik am *Laissez-faire* und die Kritik am individualistischen Kapitalismus bis zum Äußersten treibt, weil er den Klassenkampf berücksichtigt und sich bewusst ist, dass *»in the long run we are all dead*!«. Der Kampf der Arbeiterklasse erzwingt den Reformismus des Kapitals. Keynes erkennt die Arbeiter:innenklasse als autonomes Element innerhalb des Kapitals an und versucht, ein System zu schmieden, in dem ein Machtgleichgewicht zwischen den kämpfenden Klassen erreicht werden kann. Dabei sieht er, dass die Arbeiter:innenklasse die treibende Kraft hinter der Entwicklung ist. Er erkennt an, dass das System nicht deshalb funktioniert, weil die Arbeiter:innenklasse der Logik des Kapitals folgt, sondern weil sie auch in der Lage ist, dieser Logik nicht zu folgen.

Das Kapital steht also vor der Aufgabe, dieses Gleichgewicht zu kontrollieren. Eine epochale Krise droht dem gesamten 20. Jahrhundert und bringt die Frage mit sich, ob es das Kapital schaffen wird, jene Kontrolle über die Arbeiter:innenklasse zu erlangen und zu welchem Preis.

1.10 1968. Transformationen der Klassenzusammensetzung

1917 entstand eine neue Situation, in der sich die Arbeiterklasse als tragende Kraft durchsetzte und als autonome und entscheidende Klasse auftrat. Aber was »1917 nicht mehr als ein Zeichen war, [...] hat 1968 als unmittelbare Möglichkeit kollektiven Bewusstseins und kollektiver Praxis auf die Tagesordnung gesetzt. [...] 1968 brachte die Zerbrechlichkeit der ›Gesellschaftsverträge‹ ins volle Licht, die nach und nach eingesetzt worden waren, um die revolutionären Bewegungen zu Beginn des Jahrhunderts, jene nach der großen Krise von 1929 und die Bewegungen während des zweiten großen imperialistischen Kriegs und danach in Schach zu halten.« (Guattari/Negri 2015: 43)

Aber in welchem Sinn könnte man sagen, dass 1968 die Revolution begann, wie Guattari und Negri 1985 schreiben?

Bei der Analyse der kapitalistischen Arbeitsteilung, der technologischen Struktur der Produktion, der Beziehung zwischen Technologie und lebendiger Arbeit sowie der hierarchischen Beziehungen, die für die kapitalistische Produktionsweise in den Fabriken charakteristisch sind, entdecken die Operaist:innen die neuartige Figur des *Massenarbeiters*, die schon oben in Bezug auf die Migrationsströme in Italien in den 1950er Jahren erwähnt wurde, und heben seine zentrale Funktion im kapitalistischen Produktionssystem hervor. In der historischen Situation, die sie gerade analysieren, stellt der Massenarbeiter das neue produktive Subjekt dar, das aus den Veränderungen der Arbeitsorganisation in den Fabriken in den 1950er und 1960er Jahren hervorgegangen ist.

Die Figur des Massenarbeiters ist mit der Arbeit in Fabriken und am Fließband verbunden. Während in Ländern wie den USA die Prozesse, die zur Entstehung des Massenarbeiters führen, in der ersten Hälfte des 20. Jahrhunderts stattfanden, sind sie in Italien später, erst in der zweiten Hälfte des Jahrhunderts zu beobachten. Im Allgemeinen vollendet das Aufkommen des Fordismus das Zeitalter des Massenarbeiters und lässt die traditionelle Figur des Berufs- oder professionellen Arbeiters verschwinden. Die Gründe für dieses Verschwinden sind vielfältig, lassen sich aber darauf zurückführen, dass automatisierte, maschinengesteuerte Prozesse keinen Berufs- oder professionellen Arbeiter mehr erfordern, der über besondere Fähigkeiten und Kenntnisse verfügt. Die Fließbandarbeit, der Grundpfeiler der fordistischen Produktionsweise, ist eine unqualifizierte, beliebige, sich wiederholende, entfremdete Arbeit. Das Fließband braucht keinen Facharbeiter mehr, sondern eher einen ungelernten Arbeiter, der repetitive und standardisierte Aufgaben erledigen kann. Für die Gestalt des Arbeiters, die sich im Fordismus vollends durchsetzt, wählen die Operaist:innen den Begriff des Massenarbeiters, um die Tatsache zu betonen, dass sich die Arbeiter, die keine besonderen Qualifikationen mehr haben, im Produktionsprozess nicht mehr voneinander unterscheiden.

Während der Massenarbeiter im Allgemeinen das Subjekt ist, das sich im Kontext der Fabrikarbeit behauptet und im Zusammenhang mit großen Industrieballungen entsteht, wird er in Italien, wie wir schon gezeigt haben, insbesondere mit den Migrant:innen identifiziert, die vor allem aus dem Süden des Landes kommen.

Das Konzept der Massenarbeiter:innen wird jedoch bald aufgegeben werden müssen, da es durch die Veränderungen des Produktionssystems hinfällig wurde. Zum einen, so Negri, sei die kapitalistische Wissenschaft der Herrschaft in der Lage gewesen, auf die revolutionäre Praxis des Massenarbeiters zu reagieren. Mit anderen Worten: Als die von der Figur des Massenarbeiters dominierten Arbeiter:innenkämpfe ihren Zenit zu erreichen schienen, setzte eine Umstrukturierung der Produktionsweisen ein. Die Automatisierung hatte einerseits die Voraussetzungen für die Entstehung des Massenarbeiters geschaffen, da sie zur Schaffung des Fließbands beigetragen hatte; andererseits trug sie aber auch dazu bei, dass die Zahl der in den Fabriken beschäftigten Arbeiter:innen sank. Die Arbeitgeber:innen versuchten, das Produktionssystem wieder in Ordnung zu bringen, indem sie Arbeiter:innen entließen und die Arbeitskraft mobilisierten. Mit der Zerschlagung und Dezentralisierung der großen Fabriken wurde die Grundlage für das Aufkommen der Dienstleistungsgesellschaft geschaffen (Falciola 2015: 33). Negri weist auf das Paradoxon dieser Veränderungen hin: »The bosses' victory was a Pyrrhic victory since they were not able to reimpose order in the old factories or to restore *Metropolis*; rather, they were obliged to restructure and automate production processes and agree to a new contract which gave workers much more favourable conditions and which was much better adapted to the ›rejection of work‹.« (Negri 1989: 76 f.)

Die großen Veränderungen, die der Niedergang der großen Fabrik mit sich brachte, wirkten sich auf die Subjektivität der Arbeiter aus und sorgten für eine andere Zusammensetzung der Arbeiterklasse. Für Negri enden das fordistische Zeitalter und die Hegemonie des Fließbands durch die Kämpfe der Massenarbeiter, die sich der in den großen Fabriken auferlegten Disziplin verweigerten. Das Ende bedeutet aber auch, dass der Massenarbeiter seine zentrale Stellung im Produktionszyklus verliert, da die Produktionsstätten über die gesamte Gesellschaft verstreut werden. Der Massenarbeiter befindet sich im Verschwinden, denn die Automatisierung der Arbeitsprozesse und die Dezentralisierung der produktiven Tätigkeiten – also der Übergang zum Postfordismus – führen zur Entstehung neuer kollektiver Subjektivitäten. Die Figur des Massenarbeiters, der seinen Höhepunkt in den 1960er Jahren erlebte, war gleichsam ein gespannter Faden zwischen zwei Momenten, dem Zeitalter des professionellen Arbeiters und dem des gesellschaftlichen Arbeiters.

1.11 Zum gesellschaftlichen Arbeiter. Streit im Operaismus

Im Laufe der 1970er und 1980er Jahre wurde der Begriff des *gesellschaftlichen Arbeiters* in Negris Analysen immer zentraler. Zum einen knüpft er an den Begriff des *gesellschaftlichen Individuums* an, der im *Maschinenfragment* in Marx' *Grundrissen* auftaucht (Marx 1983: 590ff.). Darüber hinaus soll die Betonung der sozialen Dimension dieser Arbeiter:innenfigur darauf hinweisen, dass der:die Arbeiter:in nicht mehr nur in der Fabrik, sondern an verschiedenen Orten in der gesamten Gesellschaft arbeitet. Und schließlich ist er:sie auch deshalb sozial, weil die Arbeit dieser Arbeiter:innenfigur eine kooperative, relationale Dimension innehat (vgl. Wright 2005: Kap. 7).[23]

Die Frage, wie diese entscheidenden Veränderungen zu interpretieren sind, spaltete den Operaismus und hatte große politische Folgen. Negri, der den entscheidenden Einfluss von Trontis Werk *Arbeiter und Kapital* auf seine Arbeit bereitwillig anerkennt, beschreibt seinen Streit mit Mario Tronti wie folgt: »Wir waren im Jahr 1966. Mario sagte uns damals, dass das Jahrzehnt der

1960er Jahre vorzeitig zu Ende ging und mit diesem verkürzten Jahrzehnt auch die Epoche der Arbeiterautonomie; er erklärte uns, dass wir die Kämpfe, die wir geführt hatten und weiter führten, auf eine höhere Ebene bringen mussten, dass wir den Kampf in die Kommunistische Partei Italiens selbst hineintragen mussten. [...] Als wir 1968 hinter uns gelassen hatten, erklärte uns Mario, dass die Ereignisse uns endgültig in Verwirrung gestürzt hatten. Seiner Meinung nach hatten wir das, was in Wirklichkeit eine Dämmerung war, für eine Morgendämmerung gehalten. Aber welche Dämmerung? Natürlich zeichnete sich das Ende der Hegemonie des Massenarbeiters ab, aber sollte man das mit dem Ende des Klassenkampfes verwechseln?« (Negri 2021: 95 f.; Übersetzung d. A.)

Negri zufolge bezieht sich Trontis Position nur auf den Horizont der Kämpfe der Massenarbeiter, wie sie sich in den 1960er Jahren entwickelten. Tronti interpretiert das Ende der Hegemonie des Massenarbeiters als Auflösung und Zersplitterung der Arbeiterklasse (Tronti 1977; vgl. Götz 2020). Diese Fragmentierung der Arbeiterklasse führt zu einem Zustand der Anarchie. Was folgt daraus gemäß Trontis Narrativ? Daraus folgt, dass es einer politischen Neuzusammensetzung bedarf, die nur von oben, d.h. von der Partei, kommen kann. Anders gesagt, ohne die Unterstützung der (kommunistischen) Partei schafft es die Arbeiterklasse nicht, sich selbst zu organisieren.[24]

Negris Standpunkt unterscheidet sich von Trontis, indem er die Fragmentierung der Arbeiter:innenklasse als Ausdruck des Übergangs von einer Phase zur nächsten in der Entwicklung der kapitalistischen Verhältnisse interpretiert. Negri betont, dass die Arbeiter:innenklasse zersplittert ist, aber dies betrifft nur die *alte* Arbeiter:innenfigur, die bereits in die bestehende kapitalistische Struktur eingebettet ist. Wenn auf der einen Seite betont werden kann, dass die Fragmentierung und die Auflösung der Arbeiter:innenklasse die *alte* Arbeiter:innenfigur betreffen, sollte auf der anderen Seite betont werden, dass dieser Zustand auch ein innovatives Potenzial birgt, da er neue Konflikte hervorbringt. Mit dem Zerfall der alten Arbeiter:innenfigur steht auch der Zerfall der Disziplinargesellschaft auf dem Spiel.[25] Auf ihren Trümmern entsteht eine neue Welt, in der sich neue Freiräume mit neuen Formen der Ausbeutung vermischen.

Der Streit mit den ehemaligen Operaisten vertiefte sich in den 1970er Jahren, insbesondere um 1977. Angesichts der politischen Lage sah Tronti keine andere Möglichkeit mehr, als *in* die Italienische Kommunistische Partei (PCI) zurückzukehren. Er sah sie als die einzige politische Organisation an, die in der Lage war, die Neuzusammensetzung der Arbeiter:innenklasse zu vollenden. Im Gegensatz dazu behauptet Negri, dass die PCI »die Organisationsform [ist], die historisch mit den revolutionären Eigenschaften des professionellen Arbeiters verbunden ist« (Negri 2007b: 24; Übersetzung d. A.). Aus dieser Sicht ist die PCI bereits nicht mehr die richtige Organisationsform für die Kämpfe der Massenarbeiter:innen. Die *centralità operaia*, das heißt der Bezug der kommunistischen Partei (PCI) zur Arbeiter:innenklasse und zur Frage der Arbeit als gesellschaftliches Hauptproblem, »ist also eine zweifache Mystifikation, denn sie umfasst erstens die Negation des gesellschaftlichen Arbeiters und zweitens die Delegierung der Vertretung des Massenarbeiters an die PCI, an diese Partei der professionellen Arbeiter, der Sparsamkeit und der Opfer, eine Partei, die schon alt war, als die Kämpfe der 1960er Jahre ihr gegenüberstanden« (ebd.).

Negri zufolge ist Mario Trontis Position repräsentativ für die Position jener ehemaligen Operaist:innen, denen es nicht gelingt, die Entstehung einer neuen Arbeiter:innenfigur und einer neuen revolutionären Subjektivität zu erkennen, obwohl sie das Ende der Hegemonie der Massenarbeiter:innen anerkennen.

Im Gegensatz zu ihnen hat sich Negri während der gesamten 1970er Jahre bemüht, die Entstehung einer neuen Arbeiter:innensubjektivität zu analysieren, der er den Namen *gesellschaftlicher Arbeiter* gibt. Für Tronti und andere Operaist:innen bezeichnet dieser Begriff des gesellschaftlichen Arbeiters nichts anderes als ein Phänomen der Marginalisierung. Dies beschreibt zum Beispiel Alberto Asor Rosa in einem kleinen Buch, das 1976 unter dem emblematischen Titel *Die zwei Gesellschaften* (Asor Rosa 1976) veröffentlicht wurde und in dem er die zweite Gesellschaft als die Gesellschaft der Marginalisierten bezeichnet. Negri merkt jedoch an, dass die zweite Gesellschaft, von der in Asor Rosas Buch die Rede ist, »leider eine Gesellschaft ist, die unter der Lohnarbeit leidet, die unter der Arbeit leidet, die unter allen Bedingungen leidet, den schrecklichen Bedingungen der Entwertung der Arbeitskraft, die das Kapital auferlegt hat. [...] Die Kommunistische Partei in Italien akzeptiert diese Spaltung als Sprungbrett für ihren Weg an die Macht. [...] Die Kommunistische Partei führt einen ungezügelten Wettbewerb zwischen den Sektoren, den Massen der Arbeiterklasse ein. Von diesem Standpunkt aus könnte die arbeiterfeindliche Funktion der Politik der PCI nicht klarer sein. Alle Ideologien der ›zweiten Gesellschaft‹ zielen auf nichts anderes ab, als die Arbeiterklasse zu spalten, und als solche müssen sie bekämpft werden, genau wie alle faschistischen Ideologien zur Zersplitterung der Arbeiterklasse.« (Negri 2007b: 28; Übersetzung d. A.)

Negris Kritik an der PCI ist hier schonungslos. Um sich den Zugang zur Regierungssphäre zu sichern, zögert die PCI nicht, eine arbeiter:innenfeindliche Politik zu verfolgen, die nicht nur den Status quo legitimiert, sondern auch die Arbeiter:innenklasse spaltet und zersplittert.

1.12 Wie orientiert man sich in Krisenzeiten?

Diese Diskussionen zeichnen sich vor dem Horizont einer Krise der Gouvernementalität ab, die unterschiedliche Facetten annimmt. Aufseiten der Kapitalist:innen ist sie eine Krise der Regierungsformen. Das heißt, es wird unmöglich, soziale und politische Prozesse zu regieren. Aber die Krise manifestiert sich auch aufseiten der Arbeiter:innenklasse. Angesichts der Ohnmacht des Massenarbeiters hatten sich einige Operaist:innen dazu durchgerungen, eine Vermittlung innerhalb der Partei vorzuschlagen, um dem sozialen Konflikt eine politische und repräsentative Dimension zu geben. Die Diagnose einiger Operaist:innen – wie Tronti oder Cacciari – zeichnet sich durch die Idee aus, dass die Arbeiter:innenklasse im Verschwinden begriffen und damit nicht mehr in der Lage ist, den Konflikt mit dem Kapital zu stützen.

In dieser kritischen Situation verfolgt Negris Analyse einen anderen Weg. Wenn der Massenarbeiter im und gegen das System des Kapitals und das System der Fabrik kämpfte, kämpfte das Kapital seinerseits gegen den Massenarbeiter, um seine Macht zu entkräften. Das Kapital konnte dieses Machtverhältnis nur durch die Umgestaltung des Produktionsprozesses zu seinen Gunsten umkehren. Um die vom Massenarbeiter eroberte Macht in der Fabrik zu zerstören, war das Kapital gezwungen, die Produktion zu dezentralisieren und die Produktionsstätten zu verlegen. Doch diese Verlagerung hatte gleichzeitig die Entstehung einer neuen Arbeitskraft bewirkt. Mit der Verlagerung der Industrie und dem Ende der Zentralität des Fließbands hatte sich die Produktion in den Dienstleistungssektor und in die städtischen Räume verlagert, wo sich andere Produktionsverhältnisse und Arbeitsformen zu etablieren begannen. Es entstand eine zunehmend kognitive Arbeitskraft.

In dem Maße, wie sich die Produktionsverhältnisse verändern und die alten Fabriken nicht mehr die einzigen Produktionsstätten sind, machen neue Kampfformen bisher unsichtbare oder undenkbare Konfliktszenen sichtbar oder erschaffen sie gar. Neue Themen des Widerstands tauchen auf. So werden öffentliche Krankenhäuser von Kämpfen durchzogen, die unterschiedliche soziale Akteure – von Ärzten bis zu Krankenpflegern – im Bestreben für ein demokratisches Gesundheitssystem zusammenbringen. Der Kampf gegen die psychiatrischen Anstalten mobilisiert einen anderen Sektor der sozialen Kräfte, dessen kulturelle Auswirkungen beträchtlich sein werden, insbesondere durch die Antipsychiatrie-Bewegung, zu deren wichtigsten Figuren Franco Basaglia gehörte (Basaglia 1971). Die Fabrik, die klassische Bühne der kapitalistischen Produktion, ist nicht mehr der einzige Ort, an dem die etablierten Machtverhältnisse untragbar erscheinen; alle Räume des sozialen und politischen Lebens, die gesamte Sphäre der gesellschaftlichen Produktion und Reproduktion werden nun infrage gestellt. Feministische Bewegungen nehmen immer mehr politischen Raum ein und prägen die Formen des politischen Aktivismus in den 1960er und 1970er Jahren.[26] Negri und Guattari, die sich 1977 in Paris über Yann Moulier-Boutang kennengelernt hatten und in den ersten Jahren von Negris Pariser Exil zunehmend zusammenarbeiteten, waren sich dessen sehr bewusst: »Bis 1968 blieb *das Problem der Reproduktion* im Verhältnis zu dem der Produktion marginal. *Die Frauenbewegung* hat dieses Problem in den Mittelpunkt der Diskussion gerückt.« (Guattari/Negri 2015: 60)

Diese Transformationen, die mit 1968 signifikant werden, sind Teil einer Veränderung des Dispositivs der Kämpfe: Es geht nicht mehr nur um einen Gegensatz zwischen der Arbeiter:innenklasse und dem Kapital innerhalb der Fabrik, sondern um Formen des Widerstands, die über die Erfindung neuer Lebensweisen und die Zurückweisung neuer Ausbeutungsverhältnisse laufen.[27] Negri und Guattari bemerken: »Durch die Verallgemeinerung der Ausbeutung auf allen Ebenen der Gesellschaft und des menschlichen Lebens hat diese Neudefinition des Produzierens zusätzliche Lasten des Unglücks erzeugt und neue Arten von politischer und mikropolitischer Konflikthaftigkeit ans Tageslicht gebracht.« (Guattari/Negri 2015: 30)

Wenn die *Arbeitsverweigerung* zunächst die Ablehnung der Fabrikarbeit und ihrer Disziplinierung umfasste, wird sie nun viel allgemeiner und radikaler. Die Formen der Politisierung änderten sich grundlegend, getragen von der Diskreditierung der parlamentarischen Politik und im weiteren Sinne der Politik der etablierten Organisationen. Eine Politik von unten wurde erfunden, die von prekären und marginalisierten Subjekten betrieben wurde. Mitte der 1970er Jahre nahm sie die Form von wiederkehrenden Unruhen an, die vor allem als Reaktion auf die staatliche Gewalt entstanden.[28]

1.13 Der Aufstand unterworfener Wissen und Praktiken

In seinen Vorlesungen am Collège de France aus dem Jahre 1975/76 erfindet Foucault den Ausdruck »Aufstand der ›unterworfenen Wissen‹«, um die großen Transformationen zu beschreiben, die den Boden unserer Geschichte und Gegenwart erschüttert haben (Foucault 2001: 21). Dieser Ausdruck zeigt auf, wie ausgehend von mikrophysischen und widerständigen Orten ausgeschlossene und von unten kommende Wissensbestände aufgetaucht sind, welche nun die gesamte Gesellschaft durchqueren. Es werden somit ein neuer historischer Zustand und neue Kampfpraktiken beschrieben, die sich damals außerhalb des Bereichs der politischen Konflikte befanden: übergreifende Kämpfe, die sich den

Formen des klassischen gewerkschaftlichen Streits der Arbeiter:innenklasse entziehen; Kämpfe im Gesundheitssystem, in Krankenhäusern, in Gefängnissen, Schulen oder Universitäten; aber auch im Haushalt und in bisher als privat betrachteten Lebensbereichen. Die Beispiele ließen sich beliebig fortsetzen.

Aber wenn Foucault den Ausdruck *unterworfene Wissen* verwendet, versteht er darunter auch Wissensformen und Praktiken, denen kein Wissenschaftlichkeitsstatus zuerkannt wird und deren Bedeutung verkannt oder desavouiert wird (ebd.: 21). Diese sogenannten unterworfenen Wissensformen gelten als naiv und nicht-begrifflich, erklärt Foucault, der jedoch anfügt, dass dieses unterworfene Wissen »ein Spezialwissen, ein lokales, regionales, differentielles Wissen ist« (ebd.: 22). Foucault bezieht sich auf die Genealogien, die er als Anti-Wissenschaften beschreibt. Damit möchte er keinesfalls sagen, dass die Genealogien »ein dichterisches Recht auf Unwissenheit und Nicht-Wissen forderten. [...] Nicht darum geht es, sondern um den Aufstand der Wissen. Nicht so sehr gegen die Inhalte, Methoden oder Begriffe einer Wissenschaft als vielmehr gegen die zentralisierenden Machtwirkungen, die mit der Institution und dem Funktionieren eines im Innern einer Gesellschaft wie der unsrigen organisierten wissenschaftlichen Diskurses verbunden sind.« (Ebd.: 23 f.) Es geht um »das historische Wissen der Kämpfe« (ebd.: 22).

In jeder Hinsicht ist die operaistische Erfahrung ein wichtiger Moment dieses Aufstands des unterworfenen Wissens und der unterworfenen Praxis.

1968 – ein Name, der die Kämpfe bezeichnen kann, die sich durch die 1960er und 1970er Jahre zogen – wird ein Wendepunkt gewesen sein, der Moment, in dem übergreifende Kämpfe begannen, die gesamte Gesellschaft zu durchziehen, während die Produktionsweise zunehmend integrativ, kooperativ und auf der Basis von Informationsnetzwerken, Computerisierung und

Wissensaustausch aufgebaut wurde. Negri zufolge hat sich die gegenwärtige kapitalistische Ordnung als Reaktion auf die verschiedenen Formen des Widerstands durchgesetzt, die das globale Ereignis von 1968 kennzeichneten. Die neue neoliberale Ordnung markiert den Sieg der kapitalistischen Umstrukturierung über den Widerstand der Arbeiter.

Negris Thesen stehen im Gegensatz zu vielen Analysen, die beweisen (wollen), dass die Keime des Triumphs der neoliberalen Rationalität bereits im Geist von 1968 zu suchen sind. Für Slavoj Žižek zum Beispiel führt 1968 zum Neoliberalismus, weil sein Geist im Wesentlichen individualistisch und bürgerlich ist (Žižek 2018). In ihrer berühmten und einflussreichen Studie behaupten Luc Boltanski und Ève Chiapello, dass ein Großteil der Kritik von 1968 (die insbesondere in der Studentenbewegung zum Tragen kam) für die Modernisierung des Produktionssystems vereinnahmt wurde (Boltanski/Chiapello 2006). Was dies anbelangt, ließe sich mit Étienne Balibar kritisch anführen, dass die Idee der individuellen Freiheit unterschiedliche und unvorhergesehene Wege einschlagen kann, je nachdem, ob sie beispielsweise von der kapitalistischen Marktlogik aus betrachtet wird oder, im Gegenteil, aus der Perspektive der Arbeiter:innenautonomie (Balibar 2020: 113).

Wie kann man also denken und handeln, wenn die Hauptfront der Kämpfe zerfallen zu sein scheint? Wie kann man die neuen Formen des Widerstands, die sich dennoch im Entstehen befinden, nähren und sich den Horizont, der sich in ihnen abzeichnet, vorstellen? Wie orientiert man sich in *Winterjahren*?

2. Die Winterjahre am Horizont

Am 7. April 1979 wurde Negri bei seiner Rückkehr aus Paris, wo er seit fast zwei Jahren unterrichtete, in seinem Haus in Mailand im Rahmen einer strafrechtlichen Ermittlung festgenommen. Es handelte sich um eine breite gerichtliche Untersuchung, die gleichzeitig zur Verhaftung von Dutzenden von Genoss:innen in ganz Italien führte. Bereits im Mai 1977 war ein Haftbefehl gegen Negri ausgestellt worden. Damals konnte er der Verhaftung nur dadurch entgehen, dass er in den Untergrund ging. Er floh in die Schweiz und reiste von dort nach Paris, wo er dank der Vermittlung Yann Moulier-Boutangs Félix Guattari kennenlernte und mit Louis Althusser und André Gorz bekannt gemacht wurde. In Frankreich formierte sich der Widerstand französischer Intellektueller gegen die Repression in Italien, wo die Krise der Autonomia bereits begonnen hatte. Doch zunächst wurde der Haftbefehl gegen Negri Ende 1977 aufgehoben, was ihm die Rückkehr nach Italien ermöglichte.

Die Anschuldigungen, die 1979 gegen Negri erhoben wurden, waren von einer anderen Schwere. Negri wurde des bewaffneten Aufstands gegen die Staatsgewalt angeklagt. Der Richter Pietro Calogero beschuldigte ihn außerdem, Anführer der Roten Brigaden (BR) zu sein und an der Entführung von Aldo Moro, dem Vorsitzenden der *Democrazia Cristiana* (DC, Christliche Demokratie), beteiligt gewesen zu sein. Dieser wurde am 16. März 1978 von den Roten Brigaden entführt und nach 55 Tagen Gefangenschaft ermordet. Im Dezember 1979 wurden diese Anschuldigungen jedoch entkräftet, nachdem der erste BR-Kronzeuge, Patrizio Peci, ein Geständnis abgegeben hatte, das Negri von den Anschuldigungen entlastete. Allerdings setzte die Verabschiedung einer Ad-hoc-Gesetzgebung, die im Anschluss an die Aussagen der Kronzeug:innen veranlasst wurde, eine neue Verhaftungswelle von Tausenden Aktivist:innen in Gang. Bislang war Negri wegen politischer Straftaten angeklagt, doch nun wurden neue Anklagen gegen ihn erhoben, die sich auf gemeinrechtliche Delikte bezogen. Das darauffolgende Verfahren war langwierig sowie von starken Unsicherheiten und Turbulenzen geprägt. Erst 1983 – nach vier Jahren Untersuchungshaft – wurde Negri der Prozess eröffnet.

Doch zu diesem Zeitpunkt hatte Negri aus der Haft heraus für die nationalen politischen Wahlen kandidiert und wurde am 27. Juni 1983 auf der Liste der Radikalen Partei ins italienische Parlament gewählt. In dieser Funktion durfte er im Juli das Gefängnis verlassen. Im November folgte jedoch der nächste Rückschlag: Das Parlament stimmte für die Aufhebung seiner parlamentarischen Immunität. In der Zwischenzeit hatte Negri aufgrund seiner prekären Lage beschlossen, Italien zu verlassen und nach Frankreich ins Exil zu gehen, um nicht wieder ins Gefängnis zurückkehren zu müssen (vgl. Negri 2017: 192 ff.). Die *Winterjahre* – so der Titel des Buches von Félix Guattari, in dem er die politische Situation der frühen 1980er Jahre beschreibt – hatten begonnen, und ihre drückende Atmosphäre sollte den politischen Raum Europas noch lange beherrschen (Guattari 1986).

2.1 Italien, das rote Jahrzehnt

In Italien wurde das rote Jahrzehnt, das Ende 1967 begonnen hatte, von blutigen und widersprüchlichen Ereignissen geprägt. Dieser kleine Bürgerkrieg hatte die gesamte Gesellschaft in Mitleidenschaft gezogen. Das Land war durch die unsichere politische und soziale Situation beherrscht, die seit dem Ende der 1960er Jahren unter dem Einfluss der *Strategie der Spannung* (*strategia delle tensione*) stand. Bestimmte Teile des Staatsapparats begannen, die politische Gewalt radikaler Gruppen – insbesondere der extremen Rechten – zu begünstigen, um eine autoritäre Wende und gewaltsame Repressionen zu rechtfertigen. Bereits am 12. Dezember 1969 waren bei einem Bombenanschlag in Mailand, der von rechtsextremen Gruppen mit Unterstützung des Geheimdienstes verübt wurde, 17 Menschen getötet und 88 verletzt worden (Giannuli 2018). Diese Strategie wurde in den 1970er Jahren von rechtsextremen Gruppen fortgesetzt, bis hin zu dem faschistischen Anschlag auf den Bahnhof von Bologna am 2. August 1980, bei dem 85 Menschen getötet und Hunderte verletzt wurden. Als Reaktion auf die Verschärfung der Strategie der Spannung hatten auch die Protestbewegungen begonnen, sich zu bewaffnen. Gleichzeitig hatte der Militärputsch in Chile 1973 Enrico Berlinguer, Chef der Italienischen Kommunistischen Partei (IKP), darin bestärkt, dass ein historischer Kompromiss zwischen der DC und der IKP notwendig war, um der IKP den Zugang zur Regierung zu ermöglichen. Dieses Bündnis hatte zur Bedingung, dass sich die Kommunistische Partei verpflichtete, die Auflösung und Entwaffnung der militanten Organisationen mit voranzutreiben. Das komplexe Zusammenspiel dieser politischen Ereignisse auf der nationalen und internationalen Bühne trug schließlich zum Zusammenbruch der Protestbewegung in Italien bei.

Doch um 1977 kam es zu einer neuen Welle der Protestbewegung. Was in Italien unter dem Etikett *die Bewegung von 1977* läuft, kann als die zweite Phase der Protestbewegungen, die 1968 begonnen haben, interpretiert werden (Negri 2015d: 554; Negri 2004a).[29] In Bologna wird ein Student der Organisation Lotta continua, Francesco Lorusso, am 11. März 1977 von Carabinieri getötet. Die Gegenreaktion der Bewegung, die als eine Multitude von Subjekten verstanden werden muss – Studierenden, prekären Menschen, Künstler:innen, Arbeitslosen, Frauen und *indiani metropolitani*[30] –, ist äußerst gewalttätig.[31] Im März kam es in Bologna und Rom zu Tagen des Aufstands. Am 12. Mai wurde in Rom die Studentin Giorgiana Masi, die der *Partito Radicale* angehörte, ermordet. Diese Ereignisse waren jedoch nur die Fortsetzung einer Kette von Ereignissen, die schon viel früher begonnen hatten. Seit Anfang des Jahres herrschten an den Universitäten starke Unruhen als Reaktion auf eine versuchte Gegenreform des Bildungsministeriums. Am 17. Februar hatte die Bewegung Luciano Lama den Generalsekretär der CGIL (Allgemeiner Italienischer Gewerkschaftsbund) aus der Universität La Sapienza in Rom vertrieben. Der Streit zwischen der revolutionären Bewegung und der offiziellen Arbeiter:innenbewegung hatte sich bereits 1968 aufgetan. Aber 1977 war der Bruch nicht mehr zu kitten. Aufseiten der Kommunistischen Partei war die Führung, die während der 1970er Jahre von großen Wahlsiegen auf nationaler Ebene getragen wurde, davon überzeugt, dass ihr Einzug in die Regierung unmittelbar bevorstand. Dafür erschien es ihr wesentlich, sich ihren Verbündeten als verlässlich zu erweisen. So distanzierte sich die Partei deutlich von den Protestbewegungen und plädierte für ihre verstärkte Kontrolle. Auf der anderen Seite haben sich die politischen und sozialen Bewegungen seit 1968 als soziale Kraft durchgesetzt. Sie haben eine Stärke entwickelt, die vollständig offenbart hat, was die in 1968 begonnenen historischen Innovationen und Transformationen der Lebensformen und der Gesellschaft bedeuten könnten (vgl. Virno/Hardt 2006: Kap. 1: 1 ff. und Kap. 17: 241 ff.). 1973 besetzten FIAT-Arbeiter:innen die Fabrik in Mirafiori in Turin (d. h. einen wichtigen Standort von FIAT). 1975 fanden in Mailand über einige Tage hinweg Aufstände statt; 1976 gab es, ebenfalls in Mailand, eine Versammlung im Parco Lambro, ein Festival des Jugendproletariats, das seit 1971 von der Zeitschrift *Re Nudo* organisiert wurde. Bei dieser Gelegenheit griff die Autonomia die Zentralen von politischen Parteien wie DC (Christliche Demokratie) und MSI (die neofaschistisch orientierte Italienische Sozialbewegung), Präfekturen, Industrieverbände und Zeitungen an. In diesem Kontext entstand die sogenannte 77er-Bewegung, die ihren Höhepunkt in den Tagen vom 11. und 12. März in Bologna und Rom fand (Berardi 1997; Berardi/Smith 2009).

Insgesamt stellt die Bewegung von 1977 einen entscheidenden Moment für die italienische Gesellschaft dar, die tiefgreifende Veränderungen mit sich brachte.[32] Sie radikalisierte die Ablehnung der auf Lohnarbeit basierenden Arbeitsgesellschaft, die die großen Wellen der Revolte gegen die Industriearbeit in den Jahren 1968 und 1969 gekennzeichnet hatte. Die Ablehnung der Arbeit war zunächst als Verweigerung der Fabrikarbeit verstanden worden. Doch die neue technologische Revolution der 1970er Jahre bewirkte nicht nur eine massenhafte Marginalisierung, sondern brachte auch ein neues Subjekt hervor: eine erfinderische, kreative, intellektuelle Arbeitskraft, die die Macht und die sozialen Hierarchien, die die Gesellschaft durchziehen, herausfordert. '77 kam es also zur Explosion einer neuen sozialen Figur: Prekäre, Randgruppen, *indiani metropolitani* geben diesem neuen Jugendproletariat seine Form. 1977 ist die Erfindung einer neuen Art von Politik, einer Politik von unten, völlig transversal, die nicht mehr auf die politischen Gruppen und

Gruppierungen zurückgeht, die das vorangegangene Jahrzehnt dominiert hatten, seien es Maoist:innen, Trotzkist:innen oder andere Gruppen. Es ist kein Zufall, dass sich die großen politischen Organisationen wie Lotta continua oder Potere Operaio in den 1970er Jahren auflösten. Im September 1977 traf sich die Bewegung in Bologna bei einem internationalen Kongress gegen die Repression. Dieses Treffen hat den Beginn der Auflösung der Bewegung markiert, die im Zuge der Entführung des DC-Präsidenten Aldo Moro durch die Roten Brigaden sechs Monate später und die entsprechend repressive Reaktion des Staates erfolgt ist.

2.2 Von Potere operaio zur Autonomia

In den 1970er Jahren entfaltete sich Antonio Negris politischer Aktivismus hauptsächlich innerhalb des Kosmos der Autonomia, nachdem Potere operaio, die Organisation, die er mitbegründet hatte, aufgelöst wurde.

Die Entstehung der Autonomia kann auf den März 1973 in Bologna datiert werden, auch wenn ihre Geschichte mit dem italienischen Operaismus beginnt. Die Ereignisse von 1968 hatten die Krise der politischen Gruppen und Organisationen, die in den 1960er Jahren aktiv waren, verschärft. Ein Teil der Aktivist:innen, die in den 1960er Jahren die Erfahrung des Operaismus angestoßen und insbesondere die Arbeit rund um die führenden Zeitschriften des Operaismus, *Quaderni rossi* und *Classe operaia*, vorangetrieben hatten, trugen zur Gründung der außerparlamentarischen Gruppe Potere operaio bei. Diese war im Herbst 1969 aus dem Zusammenschluss verschiedener Kollektive entstanden, die in den Fabriken und an der Universität tätig waren. 1973 wurde Potere operaio aufgelöst. Ein Teil der ehemaligen Aktivist:innen trug zur Entstehung der Autonomia operaia bei, andere schlossen sich verschiedenen bewaffneten Organisationen an, darunter die Roten Brigaden (BR) und Prima linea. 1979 wurde fast die gesamte Gruppe der Autonomia operaia im Rahmen der Untersuchung des 7. April verhaftet. Die Verfahren gegen die Autonomia operaia dauerten lang. Währenddessen waren viele Aktivist:innen im Gefängnis, während andere sich im Exil befanden. Nach mehreren Jahren komplexer Verfahren wurden viele Anklagen teils fallen gelassen, teils reduziert.

Verschiedene politische Strömungen flossen in der Autonomia zusammen: die Gramsci-Gruppe, die sich aus der Student:innenbewegung formierte, oder die autonomen Arbeiter:innenkomitees in der Via dei Volsci in Rom, die 1972 aus der Manifesto-Gruppe hervorgingen. Im Laufe der Jahre haben sich andere subkulturelle Netzwerke und Teile der feministischen Bewegung in die Autonomia-Bewegung eingebracht. Ihre Zahl wuchs auch aufgrund der Krise, die andere Organisationsformen im Anschluss an 1968 durchmachten (vgl. Bianchi/Caminiti 2007).

Die Gruppen, die die Arbeiter:innenautonomie bildeten, waren nicht zentralistisch oder einheitlich organisiert. Sie waren vielmehr eine zusammengesetzte Konstellation, ein *Archipel*, das aus einer vielfältigen Situation entstanden ist. Dabei bildeten sich in der italienischen Linken unterschiedliche Kräfte. Auf der einen Seite standen die linkspolitisch orientierten Organisationen der kommunistischen Partei. Ihre Position charakterisiert sich durch die Entscheidung der kommunistischen Parteiführung zum Kompromiss mit den katholischen, sozialistischen, kommunistischen und säkularen Kräften, um den Fortbestand des Verfassungssystems zu gewährleisten, später als italienischer Weg zum Sozialismus bezeichnet. Sie fanden auch Unterstützung bei einigen Theoretiker:innen, die durch den Operaismus geprägt waren, aber während der 1970er Jahre allmählich davon überzeugt wurden, dass sie sich der Kommunistischen Partei anschließen mussten, um Kämpfe, die sonst zu verkümmern drohten, politisch zu strukturieren.

Auf der anderen Seite steht der Ansatz der Autonomia, die betont, dass Autonomie nichts mit politischer Repräsentation zu tun hat, welche durch Parteien und das parlamentarische politische Leben vermittelt werden könnte, sondern vielmehr einen kollektiven Prozess bezeichnet, der darauf abzielt, das Leben dort zu befreien, wo es eingesperrt wurde. Autonomie bezeichnet dann einen unreinen, heterodoxen, häretischen Kommunismus im Vergleich zu den großen Strömungen der kommunistischen Tradition des 20. Jahrhunderts (vgl. Tarì 2011; Nigro 2012). Dieser Kommunismus hat so gut wie nichts mit den politischen Projekten sowohl der sozialistischen als auch der kommunistischen Parteien gemeinsam. Die Autonomia ist nicht die Partei des sozialen Proletariats; sie repräsentiert nicht den:die gesellschaftlichen Arbeiter:in, weshalb sie dem »offiziellen« Kommunismus fremd ist. Die Autonomie ist vielmehr die politische Form, durch die das gesellschaftliche Proletariat seine politische Existenz manifestiert. Die Geschichte der Autonomia ist in den 1970er Jahren von heterogenen politischen Experimenten geprägt, die sich alle um den Kerngedanken der Arbeitsverweigerung drehen, der im weitesten Sinne als Ablehnung der Struktur und Hierarchie der durch die Lohnarbeit gesteuerten sozialen Beziehungen zu verstehen ist.

In diesem Kontext bedeutete Negris Verhaftung im Jahr 1979 das Ende seiner Tätigkeit als Aktivist, freier Intellektueller und Universitätsprofessor. Ab Ende der 1970er Jahre, zunächst hinter Gittern und dann im Exil, sah er sich gezwungen, sich vom politischen Aktivismus zurückzuziehen. Sein Rückzug, der mit der Abschwächung der politischen Bewegung, der er angehörte, zusammenfiel, hatte jedoch auch einen produktiven Effekt, indem er die Entstehung einiger seiner wichtigsten Werke ermöglichte.

Vor seinem Exil in Paris im Jahr 1983 hatte er bereits zwei wichtige Werke veröffentlicht: *Marx oltre Marx*, 1979 auf Italienisch erschienen, und die im Gefängnis entstandene Spinoza-Monografie *Die wilde Anomalie*, die 1981 auf Italienisch erschienen ist. Diese beiden Bücher hatten unterschiedliche Schicksale: *Die Wilde Anomalie* wurde 1982 sofort nach ihrer Veröffentlichung auf Italienisch ins Deutsche übersetzt. Aber eine Rezeption und Diskussion der dort von Negri vorgeschlagenen Themen erfolgte erst mit Beginn des 21. Jahrhunderts. In Frankreich, wo Negri lange im Exil lebte, war die Spinoza-Monografie schon Anfang der 1980er Jahre gut aufgenommen worden: Mit drei Vorworten von Gilles Deleuze, Pierre Macherey und Alexandre Matheron erschien das Buch bereits 1982 auf Französisch. *Marx oltre Marx* erschien erst 2019 auf Deutsch, während die erste französische Übersetzung bereits 1996 vorlag.

Die beiden Bücher markieren die theoretischen Koordinaten, innerhalb derer Negri sein Denken jahrelang weiterentwickeln wird. Sie zeigen auch, dass Negri eine doppelte Perspektive einnimmt: Während einerseits ein großer Teil seiner politischen und militanten Interventionen den Fokus auf die kurze Geschichte des 20. Jahrhunderts legt (insbesondere die Geschichte, die um die 1960er und 1970er Jahre weltweit begann), widmet er sich andererseits einem Projekt, das darin besteht, die längere Geschichte der Moderne und ihrer alternativen Pfade, die auf die Renaissance und vor allem auf das 17. Jahrhundert zurückverweisen, zu rekonstruieren (Murphy 2012: 8 ff., Kap. 2). Die Verflechtung dieser beiden Pole zeichnet den Reichtum und die Originalität von Negris Arbeit aus, aber auch ihre Grenzen.

2.3 Negris minoritärer Marx

Über das Kapital hinaus (*Marx oltre Marx*) erschien 1979 als Resultat von neun im Frühjahr 1978 an der École normale supérieure de la Rue d'Ulm (ENS) in Paris veranstalteten Seminaren, die Negri auf Einladung Louis Althussers gehalten hatte. Es war nicht das erste Mal, dass er ein Seminar an der ENS hielt. Im Jahr 1973 hatte er dort einen Kurs über die Krise des Werts und die Krise der politischen Ökonomie gegeben. Doch 1978 bestand sein Projekt darin, *Arbeitshefte* zu den *Grundrissen* zu verfassen.[33] In der Tradition des Operaismus haben die *Grundrisse* schon seit Anfang der 1960er Jahre eine wichtige Rolle gespielt.

Das sogenannte *Maschinenfragment* aus den Heften VI und VII der *Grundrisse*[34] (Marx 1983: 592 ff.) wurde in der Nummer 4 (Juli 1963) der Zeitschrift *Quaderni Rossi* veröffentlicht.[35] In der gleichen Ausgabe bezieht sich Raniero Panzieri auf diesen Abschnitt, um zu erklären, wie bei Marx eine »Theorie der Unhaltbarkeit des Kapitalismus auf seiner höchsten Entwicklungsstufe [entsteht], wenn die überbordenden Produktivkräfte mit der schmalen Basis des Systems in Konflikt geraten und die quantitative Messung der Arbeit zu einer eklatanten Absurdität wird« (Panzieri 1963: 285 f.).[36] In seinem Buch *Über das Kapital hinaus* entfernt sich Negri von wichtigen Interpretationen aus der Tradition der Exegese Marx', die hervorheben, wie die *Grundrisse* ein erster Schritt auf dem Weg zur Ausarbeitung des Marx'schen Hauptwerks – *Das Kapital* – sind. In diesem Zusammenhang zieht Negri die Interpretationen von Roman Rosdolsky und V.S. Wygodski heran: »Wygodskis These, wonach Marx, nachdem er sich in den 1840ern die klassische Werttheorie angeeignet und in den 1850ern die Theorie des historischen Materialismus entwickelt hatte [...], erst mit den *Grundrissen*, im engeren Sinne mit den Heften von Oktober 1857 bis Juni 1858, zur Mehrwerttheorie gelangt ist, stellt nun einen *entschiedenen Schritt nach vorn* dar. Rosdolsky zum Beispiel hatte dies noch verneint und die *Grundrisse* einfach als erste wichtige Phase der Entwicklung eines kontinuierlichen Denkprozesses – hin zum *Kapital* – angesehen. [...] Doch auch Wygodskis theoretischer Fortschritt – insofern das Erfassen dieser Entwicklung in Zäsuren und Sprüngen für ein vertieftes Verständnis eines *theoretischen* Elements des Marx'schen Denkens steht – kommt nicht zu endgültigen Befunden, weil er über die Entdeckung des Mehrwerts nicht hinausgeht und auch weil er die Tragweite dieser Entdeckung nicht gänzlich erfasst. Die Werttheorie zur Mehrwerttheorie weiterzuentwickeln und zu erkennen, dass die historische Form des Werts der Mehrwert ist, bedeutet, ›eine direkt revolutionäre Aufgabe‹ zu stellen. Es gilt, zum Angelpunkt einer antagonistischen Theorie des Kapitals, einer Theorie der gesellschaftlichen Ausbeutung vorzustoßen, um von dort zur *Klassenzusammensetzung als Subjektivität* des Kampfes zu gelangen. Die Mehrwerttheorie wird [...] so zum dynamischen Zentrum, zur dynamischen Synthese von Marx' Denken, zum Punkt, an dem sich die objektive Analyse des Kapitals und die subjektive des Klassenverhaltens verbinden, an dem der Klassenhass in die Wissenschaft zurückgeführt wird.« (Negri 2019b: 29 f.)

Die *Grundrisse* – und nicht nur *Das Kapital* – zu lesen bedeutet, neue Themen zu entdecken, die in Marx' Werk vorhanden sind; es bedeutet, einen *anderen* Marx zu entdecken, der im Vergleich zu jenem der sozialistischen und kommunistischen Tradition *minoritär* ist.[37] Welche Konsequenzen bringt eine Lektüre des *minoritären* Marx mit sich? Zunächst ließe sich bemerken, dass es diese Lesart ermöglicht, eine andere Kapitalismuskritik zu entwickeln; eine, die es erlaubt, Marx der Tradition des Hegelianismus und den entsprechenden historistischen und teleologischen Auffassungen zu entreißen. Negris Interpretation steht somit im

Zeichen einer internationalen historischen Konjunktur und einer gesamten Epoche, die, wie Foucault einmal betont hat, »sei es in der Logik oder in der Epistemologie, sei es mit Marx oder mit Nietzsche, Hegel zu entkommen trachtet« (Foucault 1993: 45). Negris Lektüre trägt dazu bei, Marx zu *ent-totalisieren*[38] und sein Werk von der Geschichte des Sozialismus abzulösen. Marx zu ent-totalisieren bedeutet, dass die Einheit, die Kohärenz und die scheinbare Systematik seines Werkes dekonstruiert werden, um zu zeigen, dass viele seiner Texte und seiner theoretischen Konzepte aus Fragmenten, Brüchen und Diskontinuitäten bestehen. Und anstatt diese eventuelle Unvollständigkeit als ein Hindernis für die Analyse zu betrachten, sollte man sie als Möglichkeit wahrnehmen, um neue Wege für die Theorie und die Praxis zu bahnen. Die Texte von Marx sollten nicht als theoretisches Monument, sondern als Werkzeugkasten verstanden werden, der den Aktivist:innen zur Verfügung steht. »Damit es klar ist: Das hier ist keine abstrakte Polemik gegen *Das Kapital*, jeder von uns ist zur Reflexion und zum theoretischen Bewusstsein über den Klassenhass bereit, der aus dem Studium des *Kapitals* erwachsen ist. Aber *Das Kapital* ist ebenso jener Text, der dazu diente, Kritik auf ökonomische Theorie zu reduzieren, Subjektivität im Objektivismus verschwinden zu lassen und das subversive Proletariat der es neu zusammensetzenden und repressiven Intelligenz der kapitalistischen Herrschaft zu unterwerfen. [...] Dazu muss man es der Kritik unterziehen, wenn man das *Kapital* von dem begrifflichen Apparat aus neu liest, den die *Grundrisse* in den unlösbarsten Antagonismus eingeschlossen und der konstitutiven Fähigkeit des Proletariats anvertraut haben. Unter diesem Gesichtspunkt sind die *Grundrisse* die Kritik der kapitalistischen ›Revolution von oben‹, die in der wirklichen Bewegung lanciert wird, sie sind das Vertrauen in die ›Revolution von unten‹.« (Negri 2019b: 41 f.)

Negri zufolge hat der Objektivismus in den Kategorien des *Kapitals* verhindert, dass die revolutionäre Subjektivität in den Fokus kommt, wie im vorigen Zitat durch den Hinweis auf das Vermögen des Proletariats klar zum Ausdruck kommt. Nun können die *Grundrisse* dieses Verhältnis insofern umkehren, als sie den Schwerpunkt auf die Subjektivität legen und diese als grundsätzlich antagonistisch und subversiv denken. Doch wie genau ist diese Idee der subversiven Subjektivität zu verstehen?

Zunächst einmal muss die politische wie polemische Kraft von Negris These erfasst werden. *Über das Kapital hinaus* wurde am Ende eines langen schon in den 1960er Jahren begonnenen Jahrzehnts verfasst, in dem der Klassenkampf in Italien und in Europa auf der Tagesordnung stand. Negri war Teil dieser politischen und sozialen Bewegungen, die diese Epoche stark geprägt haben. Auf den ersten Blick kann man sagen, dass Negri den Schwerpunkt auf die Subjektivität legt, weil die komplexen politischen Konflikte der italienischen Linken die Grundlage seines Denkens bilden und sein Werk prägen.

In diesem Zusammenhang muss herausgestellt werden, dass Negri sich mit seiner Interpretation von den vorherrschenden marxistischen Interpretationen distanziert, die eine Kontinuität zwischen den *Grundrissen* und dem *Kapital* behaupten, wie im Fall der Interpretation von Rosdolsky: »Die Pionierarbeit dieses Autors zu kritisieren ist nicht nur schwierig, sondern auch ungerecht. [...] Die Grenzen von Rosdolskys Diskurs [...] liegen meiner Meinung nach eher im ideologischen Gefüge der kommunistischen Linken der Zwischenkriegszeit: auf der einen Seite ein extremer Objektivismus, auf der anderen die Notwendigkeit, ihn über die Wiedererlangung der Orthodoxie zu begründen.« (Negri 2019b: 39f.)

Wie schon im vorigen Kapitel erwähnt, markierten die politischen und sozialen Bewegungen in den 1960er und 1970er

Jahren eine Zäsur mit den herrschenden Traditionen der Gewerkschaften und der sozialistischen und kommunistischen Parteien. Es ist die langsame Entstehung einer »anderen« Arbeiterbewegung. Dieser Aspekt ist mit den von Negri vorgeschlagenen theoretischen Verschiebungen eng verbunden. Mit seiner Interpretation bricht Negri mit den im 20. Jahrhundert dominanten sozialdemokratischen und kommunistischen Lesetraditionen von Marx' Werk, die seiner Meinung nach Gefahr laufen, die revolutionäre Kraft der Marx'schen Theorie zu schwächen. Dabei stammt diese Gefahr nicht nur aus den orthodoxen Traditionen des Marxismus, sondern auch aus den grundlegenden Interpretationen der deutschen Soziologie, die, wie in dem Versuch von Max Weber, darauf zielt, Marx' Analysen auf eine Theorie der Entwicklungsdynamik der Produktivkräfte zu reduzieren und damit jede Spur einer Theorie der proletarischen Revolution zu verwischen.

In dem schon zitierten Buch *Die andere Arbeiterbewegung in Deutschland* bezieht sich Karl-Heinz Roth auf einen Bruch in der Geschichte des Kommunismus im 20. Jahrhundert. Er zeigt, dass die verschiedenen Programme und Ideologien der sozialistischen und kommunistischen Parteien dazu geführt haben, die Kämpfe der Arbeiter:innen für die Einsetzung von neuen Reformen zu nutzen, welche die Kapitalakkumulation und -reproduktion letztendlich weiter unterstützen konnten. Mit anderen Worten: Die politischen und gewerkschaftlichen Programme der Linksparteien erreichen keine revolutionäre Kraft mehr, weil sie völlig unter die Kontrolle der kapitalistischen Verhältnisse subsumiert worden sind. Sozialdemokratische Programme zielen darauf ab, das richtige Maß für eine »gerechte Ausbeutung« zu finden, die es ermöglicht, das Programm der Modernisierung so weit wie möglich voranzutreiben.

Im Gegensatz dazu bahnen Marx' *Grundrisse* den Weg für eine revolutionäre Alternative, die darin bestehen würde, eine auf Lohnarbeit basierte Gesellschaft abschaffen zu können.

2.4 Von der Kritik des metaphysischen Subjekts zur Subjektivität

Die von Negri vorgeschlagene Lektüre der *Grundrisse* entsteht dreizehn Jahre nach der Veröffentlichung von *Das Kapital lesen* von Louis Althusser und seinen Mitherausgebern (Althusser/Balibar et al. 2018). In seinem Nachwort zu *Über das Kapital hinaus* betont Thomas Atzert, dass »vom ›*Kapital*‹ auf die ›*Grundrisse*‹ zu kommen [...] demnach [bedeutet] – wie Negri selbst es [...] formuliert – ›von der Kritik der kapitalistischen Verwertung zur Wissenschaft von der proletarischen Selbstverwertung‹, von der Kritik der politischen Ökonomie zur Untersuchung der Aktualität des Kommunismus überzugehen« (Atzert 2019: 249; Negri 1977: 23).[39] Das bedeutet, dass die Frage in Richtung einer Analyse der subversiven Potenzialität der revolutionären Subjektivität geht. In dieser Verschiebung hin zur Macht der Arbeiter:innen und der Frage nach der Zusammensetzung der Arbeiter:innensubjektivität besteht eine der Kernthesen des Operaismus.

Negri weist darauf hin, dass Althusser in den Texten, die dieser in den 1960er Jahre geschrieben hat,[40] die Idee einer Entsubjektivierung des ontologischen Diskurses mit großer Radikalität weiterverfolgt hat. Damit hat Althusser dazu beigetragen, die klassische moderne Konzeption des Subjekts zu dekonstruieren.[41] Althussers Kritik am theoretischen Humanismus steht mit der von Foucault entwickelten Kritik der philosophischen Anthropologie in enger Verbindung.[42] Beide Kritiken sind Teile einer intellektuellen Erneuerung, die in Frankreich durch die Veröffentlichungen der Werke von Jacques Lacan, Claude Lévi-Strauss, Jacques Derrida, Gilles Deleuze, Georges Canguilhem, Roland Barthes, Alain Robbe-Grillet, Émile Benveniste, um nur einige Autoren unter vielen zu nennen, möglich wurde. Dieser Wendepunkt in der französischen Philosophie der 1960er Jahre, die oftmals als *strukturalistische Wende* bezeichnet wurde, ist im Grunde nur eine der historischen Episoden der Kritik an den philosophischen Anthropologien. Eine frühere erfolgte in Deutschland in der ersten Hälfte des 20. Jahrhunderts durch Debatten um die Werke u. a. von Max Scheler, Martin Heidegger, Helmuth Plessner, Arnold Gehlen und Ernst Cassirer (vgl. Nigro 2015a: 51).

Die Anthropologiekritik kann sicherlich auch auf andere Momente der westlichen Philosophie zurückgeführt werden. Negri und Hardt verorten den Streit um den Humanismus nämlich in der modernen Philosophie. Sie erklären, dass der Begriff des Antihumanismus, der häufig nur in Hinblick auf zeitgenössische Diskussionen verwendet wird, um die politisch-philosophischen Projekte von Althusser und Foucault während der 1960er Jahre zu definieren, mit dem philosophischen Kampf von Spinoza im 17. Jahrhundert in Verbindung gebracht werden könne. Seinerseits steht Spinozas Kampf mit den revolutionären Traditionen und dem Geist der Renaissance in Kontinuität. In *Empire* machen Negri und Hardt diese Passagen durch den Hinweis auf die Opposition zwischen Transzendenz und Immanenz deutlich. In der Tat ließe sich die Frage nach dem Humanismus und Antihumanismus so rekonstruieren, dass sie die philosophische Opposition zwischen den Kategorien der Transzendenz und der Immanenz betrifft. »Spinoza verwarf jedes Verständnis der Menschheit als *imperium in imperio*. Mit anderen Worten: Er weigerte sich, für die Natur des Menschen irgendwelche Gesetze gelten zu lassen, die sich von den Naturgesetzen insgesamt unterscheiden. [...] Wenn wir den Menschen als von der Natur getrennt begreifen, so existiert der Mensch nicht. In genau dieser Erkenntnis liegt der Tod des Menschen begründet. Dieser Antihumanismus muss jedoch keineswegs mit dem revolutionären Geist des Renaissance-Humanismus, [...] in Konflikt geraten. Denn dieser Antihumanismus folgt unmittelbar auf das Säkularisierungsprojekt des Renaissance-Humanismus oder genauer: auf dessen Entdeckung der Immanenz. Beide Projekte gründen also in einem Angriff auf die Transzendenz. Zwischen dem religiösen Denken, das eine über der Natur stehende Macht als Gott bezeichnet, und dem modernen ›säkularen Denken‹, das eben diese Macht als den Menschen sieht, besteht eine strikte Kontinuität. Die Transzendenz Gottes wird schlicht und einfach auf den Menschen übertragen. Wie zuvor für Gott, so ist auch für diesen Menschen, der jenseits und über der Natur steht, in einer Philosophie der Immanenz kein Platz. Wie Gott, so führt auch diese transzendente Gestalt des Menschen unmittelbar zur Entstehung gesellschaftlicher Hierarchie und Herrschaft. Aus diesem Grund sollte man den Antihumanismus, verstanden als Zurückweisung jeglicher Transzendenz, nicht mit einer Negation der *vis viva* verwechseln, der schöpferischen Lebenskraft, welche die revolutionäre Strömung der modernen Tradition beseelt.« (Hardt/Negri 2002: 105 f.)[43]

Gemäß Hardt und Negri soll das Problem des Humanismus heute nach dem Tod des Menschen anders thematisiert werden, weil es jetzt in einer Konfrontation mit der Entstehung der Frage nach einem antihumanistischen oder posthumanen Humanismus besteht. Mit seinen philosophischen Texten in den 1960er Jahren hat Althusser dazu beigetragen, den ontologischen Diskurs zu dekonstruieren, und damit den Weg für ein immanentes Feld der Philosophie gebahnt. Später, in den 1970er Jahren, verfolgt Althusser dieses Projekt weiter und zeigt, dass es »Subjekte nur durch und für ihre Unterwerfung [gibt]« (Althusser 1977: 148).[44]

Negri kommentiert Althussers Worte so: »Wir sind uns dessen wohl bewusst. Nichtsdestotrotz hat Althusser in diesem Prozess, weil es ihm vor allem darum ging, die Subjektivität zu reinigen, den Baum zu fällen, der die Äste jedes möglichen Spiritualismus trug, paradoxerweise letztlich den Ast abgesägt, auf dem er selbst saß. Und ich möchte hier daran erinnern, was Étienne Balibar sehr richtig sagt: ›Es ist (nur) im Prozess ohne Subjekt als historischem Prozess, dass die ‚Konstitution des Subjekts' einen Sinn haben kann.‹[45] Die Marx'sche Kritik des Subjekts kann in der Tat nicht in eine unqualifizierte oder unbestimmte Figur des Antihumanismus übersetzt werden. [...] Ohne Zweifel kann und muss gerade in der Ontologie der Gegenwart ein Humanismus nach dem Tod des Menschen wieder auferstehen.« (Negri 2015c: 183; Übersetzung d. A.)

Wie kann man also in einer philosophischen Konjunktur, die so stark von der Kritik am Subjekt geprägt ist, gleichzeitig die Dimension der Subjektivität betonen?[46] Wie kann man von den hier diskutierten antisubjektiven Tendenzen der französischen Theorie zum Thema der Subjektivität als Subversion gelangen? Negris Philosophie ist mit diesen Fragen konfrontiert.

2.5 Subjektivität als Subversion. Die Kraft der Negativität in den *Grundrissen*

Bereits Mario Tronti hatte gezeigt, dass sich die Arbeiter:innensubjektivität innerhalb des kapitalistischen Verhältnisses als dessen Negation konstituiert. Damit stellt die Arbeiter:innensubjektivität den Punkt dar, an dem auch die Möglichkeit zur Zerstörung der kapitalistischen Verhältnisse gegeben ist. Die Arbeiter:innensubjektivität konstituiert sich *innerhalb* des und *gegen* das kapitalistische Verhältnis. So schreibt Tronti 1966: »Wenn es sich um die Arbeiterklasse innerhalb des Systems des Kapitals handelt, dann gibt es dieselbe Produktivkraft in der Tat zweimal: einmal als Kraft, die Kapital produziert, und ein andres Mal als Kraft, die sich weigert, es zu produzieren; einmal innerhalb des Kapitals, ein andres Mal gegen das Kapital. Wenn diese beiden Seiten von Arbeiterseite subjektiv zusammengefasst werden, dann öffnet sich der Weg zur Auflösung des kapitalistischen Systems, dann beginnt der praktische Prozess der Revolution.« (Tronti 1974: 139)

Ausgehend von diesem Ansatz vertieft Negri die Analyse und bezieht sich auf das Thema der Kraft der lebendigen Arbeit in den *Grundrissen*, das den Weg zur Frage nach der revolutionären Subjektivität bahnt (Negri 2019b: 100). Um diese Passagen zu begreifen, sollte man sich vergegenwärtigen, dass die gesamten *Grundrisse* auf einer antagonistischen Logik basieren. Im Heft III definiert Marx die Arbeit als *Nicht-Kapital.* Die Definition der Arbeit als *Nicht-Kapital* ist wiederum doppelt, denn Arbeit als nicht vergegenständlichte Arbeit kann sowohl *negativ* als auch *positiv* gefasst werden. So schreibt Marx: »Die Arbeit als das *Nicht-Kapital* als solches gesetzt, ist: 1. *Nicht-vergegenständlichte Arbeit, negativ gefasst* [...] die von allen Arbeitsmitteln und Arbeitsgegenständen, von ihrer ganzen Objektivität getrennte Arbeit. [...] Die Arbeit als die *absolute Armut:* die Armut, nicht als Mangel, sondern als völliges Ausschließen des gegenständlichen Reichtums. [...] 2. *Nicht-vergegenständlichte Arbeit, Nicht-Wert, positiv* gefasst, oder sich auf sich beziehende Negativität, ist sie die nicht-*vergegenständlichte*, also ungegenständliche, i. e. subjektive Existenz der Arbeit selbst. Die Arbeit nicht als Gegenstand, sondern als Tätigkeit, nicht als selbst *Wert*, sondern als die *lebendige Quelle* des Werts. [...] die Arbeit [ist] einerseits die *absolute Armut als Gegenstand*, andrerseits die *allgemeine Möglichkeit* des Reichtums als Subjekt und als Tätigkeit.« (Marx 1983: 217 f.)

Die nicht *vergegenständlichte* Arbeit, das heißt die Arbeit, die noch kein Produkt hervorgebracht hat, besteht in der Form eines *Versprechens*, das heißt in der Form eines Vermögens, einer Potenzialität, die in Zukunft verwirklicht werden kann.[47] Negri misst dem Thema Bedeutung bei, weil Marx an dieser Stelle der Arbeit einen Doppelcharakter zuerkennt. Die Arbeit *im negativen Sinne* ist *absolute Armut*. Diese radikale Armut ist der Zustand der Arbeiter:innen in dem Moment, in dem sie vom objektiven Reichtum ausgeschlossen und von allen Produktionsmitteln getrennt sind. In diesem Zustand haben die Arbeiter:innen eine rein körperliche, unmittelbare Existenz, die nicht über ihre Anwesenheit hinausgeht. Arbeit wird hier als eine rein negative Form, eine radikale Armut, konzipiert.[48]

Andererseits wird Arbeit von Marx auch *positiv* gefasst, da sie *Tätigkeit* und *Quelle* des Werts ist. So ist die Arbeit sowohl *absolute Armut*, wenn sie von den Produktionsmitteln und -verhältnissen getrennt wird, als auch *allgemeine Möglichkeit* des Reichtums, wenn sie als aktive Tätigkeit interpretiert wird. Daraus folgt, dass das Subjekt, das Träger dieses Arbeitsvermögens ist, gespalten ist. Der Begriff des *Subjekts* drückt diese Dualität gut aus: *Subjekt* ist derjenige, der *unterworfen* (frz.: *assujetti*), der ein Rädchen in der Maschine der Produktionsverhältnisse ist. Aber das *Subjekt* ist auch aktiv, es ist Subjektivität, die Wert und Reichtum produziert. Im Begriff Subjekt wirken also zwei Bedeutungen: Subjekt zu sein heißt, gleichzeitig seine eigene Tätigkeit zu führen als auch von den anderen geführt zu werden. Der im Wort Subjekt anklingende Doppelsinn geht auf der einen Seite auf das lateinische Wort *subiectus* (*Untertan*) zurück, woher die Dimension der Herrschaft und Abhängigkeit kommt; auf der anderen Seite hallt im Wort Subjekt ein weiterer Sinn nach, der sich auf die Dimension der Konstitution oder der Bildung des Subjekts im Prozess des Unterworfenseins bezieht (vgl. Balibar 2011: 67 ff.).[49]

Die *Negativität*, in der sich die Arbeiterklasse befindet, insofern sie auf den Zustand eines Produktionsmittels für die Inwertsetzung des Kapitals reduziert wird, ist *radikale Misere*. Aber das Elend dieses Zustands kann durch die radikale *Negation dieser Negativität* überwunden werden, das heißt durch die Negation der aufs Produktionsmittel reduzierten Existenz des Arbeiters. Wenn der:die Arbeiter:in die Existenz als Arbeiter:in verneint, oder anders ausgedrückt, wenn er:sie auf das Dasein als Arbeiter:in verzichtet, bahnt dieser Verzicht den Weg für die Aneignung des gesellschaftlichen Wesens der lebendigen Arbeit, die als Tätigkeit und lebendige Quelle des Werts und der Produktion des Reichtums anerkannt wird.

Diese Definition von Arbeit als *Nicht-Kapital* ist interessant, weil sie zeigt, dass es keinen *notwendigen Zusammenhang* zwischen der Entwicklung der Produktivkräfte und der Entwicklung des Kapitals gibt. Anders ausgedrückt: Dieses Verhältnis muss als ein Kräfteverhältnis betrachtet werden. So erklärt Negri, dass der Kapitalismus historisch gesehen triumphiert, wenn es ihm gelingt, dieses Verhältnis zu kontrollieren. Dieser Sieg darf jedoch nicht darüber hinwegtäuschen, dass seine Grundlage in einer Spaltung liegt, die niemals vollständig überwunden werden kann. Die *Grundrisse* lehren uns, dass es ohne Surplusarbeit keinen Mehrwert gäbe, aber sie sagen auch, dass Surplusarbeit *Nicht-Kapital* ist, schöpferischer Überschuss. Wir werden sehen, dass die Antwort auf die Frage, wie Surplusarbeit ein schöpferischer Überschuss sein kann und wieso diese genannte Dualität der Arbeiter:innensubjektivität nicht überwunden werden kann, an anderen philosophischen Stellen von Negris Werk zu suchen ist. Zunächst ist mit Negri weiterzuverfolgen, wohin die antagonistische Logik der *Grundrisse* führt.

2.6 Marx' *general intellect*

Die Logik der *Grundrisse* basiert auf einem radikalen Antagonismus, der seinen Zenit in dem *Maschinenfragment* erreicht, wie auch Negri betont. Auf diesen Seiten der *Grundrisse* beschreibt Marx einen universellen Kampf zwischen der allgemeinen kapitalistischen Enteignung, das heißt der kapitalistischen Akkumulation des Reichtums, die sich durch den »Diebstahl an fremder Arbeitszeit« (Marx 1983: 601) ergibt, und der Möglichkeit der kommunistischen Aneignung der sozialen Produktivität der Arbeit (Negri 2019b: 171 ff.; De Feo 1992b: 505).

Auf den betreffenden Seiten verwendet Marx den Ausdruck *general intellect* (allgemeiner Verstand), um die Gesamtheit der technischen und wissenschaftlichen Kenntnisse und Fertigkeiten zu bezeichnen, die die Grundlage bilden, auf der die Produktion von Reichtum und die Reproduktion des Lebens beruhen. Marx schreibt: »Die Entwicklung des capital fixe zeigt an, bis zu welchem Grade das allgemeine gesellschaftliche Wissen, knowledge [Kenntnisse], zur *unmittelbaren Produktivkraft* geworden ist und daher die Bedingungen des gesellschaftlichen Lebensprozesses selbst unter die Kontrolle des general intellect [allgemeinen Verstandes] gekommen und ihm gemäß umgeschaffen sind.« (Marx 1983: 602)

Nach Marx werden diese Kenntnisse zur wichtigsten Produktivkraft der Gesellschaft. Aber sie erfassen nicht nur die Entwicklung des Kapitals als Evolution der wissenschaftlichen und technologischen Potenzialität, sondern auch die Lebensformen, das heißt die Kraft der lebendigen Arbeit, was Negri (mit Hardt) später als »biopolitische Produktion« bezeichnen wird – und worin ein aus Foucaults Werk stammender Begriff widerhallt (Hardt/Negri 2002: Kap. 2; Hardt/Negri 2010: 70 ff., 132 ff., 291 ff.; Negri 2019b: 12).[50] Der *general intellect* erfasst alle diese komplexen Dimensionen.

Anfang der 1960er Jahre wurde das *Maschinenfragment* allerdings nicht als Hinweis auf die biopolitische Produktion gelesen, sondern mehrheitlich als Plädoyer für das Verschwinden der menschlichen Arbeit als herrschender Produktionsfaktor interpretiert.

Wie konnte das sein? Marx schreibt: »In dem Maße aber, wie die große Industrie sich entwickelt, wird die Schöpfung des wirklichen Reichtums abhängig weniger von der Arbeitszeit und dem Quantum angewandter Arbeit als von der Macht der Agentien, die während der Arbeitszeit in Bewegung gesetzt werden und die selbst wieder – deren powerful effectiveness [mächtige Wirksamkeit] selbst wieder in keinem Verhältnis steht zur unmittelbaren Arbeitszeit, die ihre Produktion kostet, sondern vielmehr abhängt vom allgemeinen Stand der Wissenschaft und dem Fortschritt der Technologie, oder der Anwendung dieser Wissenschaft auf die Produktion.« (Marx 1983: 600)

Es schien, als ob diese Macht der Agentien die menschliche Arbeit einfach ersetzen und daher die menschliche Aktivität von der Lohnarbeit befreien könnte. Eine solche Utopie hat sich nie realisiert. Im Gegensatz dazu führte die Reduktion der Arbeitszeit zur Subsumption anderer Bereiche des menschlichen Lebens. Auch sollte der *general intellect* nicht auf das fixe Kapital reduziert werden. Im Begriff *general intellect* steckt lebendige Arbeit. Marx weist hier auf das gesellschaftliche Individuum hin: »Das Kapital ist selbst der prozessierende Widerspruch [dadurch], daß es die Arbeitszeit auf ein Minimum zu reduzieren strebt, während es andrerseits die Arbeitszeit als einziges Maß und Quelle des Reichtums setzt. [...] Es ist so, malgré lui, instrumental in creating the means of social disposable time [gegen seinen Willen ein Instrument bei der Schaffung der Voraussetzungen für gesellschaftlich verfügbare Zeit], um die Arbeitszeit für die ganze Gesellschaft auf ein fallendes Minimum zu reduzieren und so die Zeit aller frei für ihre eigne Entwicklung zu machen. Seine Tendenz aber immer, einerseits disposable time zu schaffen, andrerseits to convert it into surplus labour [sie in Mehrarbeit zu verwandeln]. [...] Je mehr dieser Widerspruch sich entwickelt, um so mehr stellt sich heraus, daß das Wachstum der Produktivkräfte nicht mehr gebannt sein kann an die Aneignung fremder surplus labour [Mehrarbeit], sondern die Arbeitermasse selbst ihre Surplusarbeit sich aneignen muß. Hat sie das getan – und hört damit die disposable time auf, gegensätzliche Existenz zu haben –, so wird einerseits die notwendige Arbeitszeit ihr Maß an den Bedürfnissen des gesellschaftlichen Individuums haben, andrerseits die Entwicklung der gesellschaftlichen Produktivkraft so rasch wachsen, daß, obgleich nun auf den Reichtum aller die Produktion berechnet ist, die disposable time aller wächst.« (Marx 1983: 601 ff.)

Das gesellschaftliche Individuum ist die antagonistische Subjektivität, die in diesem Verhältnis entsteht und deren Bedürfnisse dem Kapital entgegenstehen. Diese Subjektivität *könnte* sich ihre Surplusarbeit aneignen. Aber diese Möglichkeit ist als politische Frage zu verstehen, das heißt als Weg des Klassenkampfs, mit dem sie eng verbunden ist. In der Tat schafft es die antagonistische Subjektivität kaum, sich den gemeinsamen Reichtum anzueignen. Auch führt das Verschwinden oder die Reduktion der Arbeitszeit als Maßstab für die Produktion von Reichtum nicht zum Ende der Ausbeutung. Im Gegenteil gibt es viele Anzeichen, die von neuen Formen der Herrschaft, der Armut für die Massen und dem Reichtum für eine kleine Gruppen von Kapitalist:innen zeugen.[51]

Die Aktualität des *Maschinenfragments* rührt nichtsdestotrotz von der Tatsache her, dass Marx' Analyse eine *Tendenz* der kapitalistischen Verhältnisse skizziert. Ausgehend von den *Grundrissen* kann Negri die Analyse der Mehrwerttheorie als Schlüssel zum Verständnis der Ausbeutung im gegenwärtigen Kapitalismus pointieren. Die Mehrwerttheorie im Werk von Marx erlaubt es zu verstehen, dass das kapitalistische Tauschsystem auf einem strukturellen Ungleichgewicht beruht. Diese Einsicht kann weiterentwickelt werden und den Weg zum Verständnis der Ausbeutung im Rahmen der postfordistischen Produktion bahnen: »Der Diebstahl an fremder Arbeitszeit, worauf der jetzige Reichtum beruht, erscheint miserable Grundlage gegen diese neuentwickelte, durch die große Industrie selbst geschaffne« (Marx 1983: 601), schreibt Marx. Wenn die Produktion vermehrt auf der Form der gesellschaftlichen Kooperation beruht, dann bedeutet das auch, dass die Unterscheidung zwischen produktiver und unproduktiver Arbeit an Bedeutung verliert. »Sobald die Arbeit in unmittelbarer Form aufgehört hat, die große Quelle des Reichtums zu sein, hört und muß aufhören, die Arbeitszeit sein Maß zu sein und daher der Tauschwert [das Maß] des Gebrauchswerts.« (Ebd.)

In der postfordistischen Gesellschaft, in der die Produktion unter die Kontrolle des *general intellect* kommt, wird es unmöglich, die Produktivität der gesellschaftlichen Arbeit auf der Grundlage der für die Produktion verwendeten Zeit zu messen (vgl. Negri 1982a; Negri 2008; Negri 2019b: 196 ff.). Eine neue Produktionsweise entsteht, die auf Formen der gesellschaftlichen Interaktion und der Kommunikation beruht. Darüber hinaus müssen diese Transformationen der Produktionsweisen als übergreifende Veränderungen der Lebensformen, der Subjektivität und der entsprechenden Klassenzusammensetzung verstanden werden. Wenn die Arbeit im Postfordismus eine kognitive Form annimmt (vgl. Lorey/Neundlinger 2012)[52], folgt daraus, dass das gesamte Leben unter die kapitalistische Herrschaft subsumiert wird. Aber dass das Leben der Macht widersteht und sich ihr entzieht, bedeutet auch, dass der Widerstand und der Kampf auf genau diesem biopolitischen Terrain erfolgen: Einerseits muss die lebendige Arbeit ständig der kapitalistischen Herrschaft unterworfen werden, um sicherzustellen, dass sie eine Quelle konstanten Profits für das Kapital ist, andererseits entzieht sich dieselbe lebendige Arbeit ständig den verschiedenen Formen der Herrschaft, die ihr vom Kapital auferlegt werden.[53]

2.7 Der Weg zum Kommunismus

Der Fokus in den *Grundrissen* liegt also auf der Subjektivität und bahnt den Weg zu einer Theorie des Kommunismus, welcher innerhalb der kapitalistischen Produktionsverhältnisse entsteht. Eine der Pointen von Negris Theorie, die auch die Differenz zu anderen Traditionen markiert, besteht in der Tatsache, dass der Kommunismus für ihn »*keineswegs ein Produkt der kapitalistischen Entwicklung* [ist]: *Er ist dessen radikale Verkehrung.* [...] Der Kommunismus ist weder die Teleologie des kapitalistischen Systems noch seine Katastrophe. Er ist ein neues Subjekt, das Gestalt annimmt, die Wirklichkeit verwandelt und das Kapital zerstört.« (Negri 2019b: 219)

Der Kommunismus kann also weder als notwendiges Ende der kapitalistischen Entwicklung beschrieben werden, welches dank des Wachstums der Produktivkräfte erreicht werden könnte, noch als Notausgang bzw. als Notbremse, die gezogen wird, um die Lokomotive der Geschichte anzuhalten. *Innerhalb* und *gegen* das kapitalistische Verhältnis ist der Kommunismus die sich konstituierende Macht einer Subjektivität, die die kapitalistischen Verhältnisse umstürzen kann (vgl. Marazzi 2012). Negri baut eine nicht-teleologische Theorie des Klassenkampfs auf, weil er zeigt, dass der Übergang zum Kommunismus keinesfalls automatisch erfolge, so als ob er Ergebnis einer notwendigen Steigerung der Produktivkräfte wäre.[54] Der Kommunismus materialisiert sich vielmehr in den Kräfteverhältnissen, die der Klassenkampf aufbaut. Der Bezug auf den Klassenkampf soll hier dazu dienen, die Aufmerksamkeit auf die Dimension der Subjektivität zu lenken.

Denn der Kommunismus ist für Negri keine Idee, kein Ideal, kein heroischer Notausgang, welcher uns von der Katastrophe, in die uns der Kapitalismus stürzt, retten würde.[55] Negri denkt auch nicht, dass nur ein radikales, intellektuelles oder moralisches Ereignis in die Lage versetzen könnte, die Demokratie auf radikal revolutionäre Weise neu zu denken (Agamben et al. 2012). Für ihn braucht das Proletariat keine externe Führung (vgl. Negri 2017a). Der Widerstand ist weder eine Form der Absetzung der Ordnung noch der Verzicht auf jedwedes Machtverhältnis. Daraus folgt, dass der Kommunismus auch nicht die Form eines Exodus aus den Produktionsbedingungen annimmt. Negri verlegt die Praxis des Kommunismus und damit die Möglichkeit der instituierenden Demokratie auf eine immanente Ebene, die auf die materielle Kraft der lebendigen Arbeit verweist. Das Thema der biopolitischen Produktion, das in seinen Analysen mit Hardt so zentral ist, zeigt, dass der Widerstand in den Lebensformen verankert ist. Kommunismus ist der Impuls, der dazu dient, Lebensformen vom Joch der Lohnarbeit und der entsprechenden hierarchischen Dimensionen zu entledigen und zu befreien.

Es stellt sich aber die Frage, ob dieser Impuls oder diese Kraft wirklich nicht unterworfen werden kann. Wie kann Negri dazu kommen zu behaupten, dass die Macht der lebendigen Arbeit *irreduzibel* ist und das Kapital nie zu einer absoluten Herrschaft kommen könne? Wie wir zeigen werden, erfolgt Negris Antwort auf diese Fragen an anderen philosophischen Stellen seines Werks.

Sein Werk wird sich von hier an gabeln, so dass ein doppelter Fokus entsteht: Ein großer Teil von Negris politischen und militanten Interventionen bezieht sich auf die jüngere Vergangenheit, nämlich auf die Phase, die überall auf der Welt um die 1960er und 1970er Jahre herum begann. Aber es gibt, wie bereits angedeutet wurde, in Negris Werk auch einen anderen, nämlich weitläufigeren Zeithorizont, der mit dem Projekt der Moderne und seinen Alternativen beginnt. Dieser Fokus führte ihn zum Studium der Renaissance und des 17. Jahrhunderts. Im Rahmen dieses anderen Strangs trifft die Frage des Kommunismus auf die Frage nach der Demokratie: Marx' *Kapital* »öffnet den Weg zum Kommunismus wie ›der Fürst‹ den Weg zur Demokratie« (Negri 2019b: 8). In diesem Zusammenhang verweist die Frage der revolutionären Subjektivität auf die komplexere Frage der *Multitude*.

3. Über die Winterjahre hinaus

Über das Kapital hinaus ist das Zeichen eines Übergangs. Ende der 1970er Jahre in Paris konzipiert, erstreckt sich dieses Buch über zwei Zeiträume: Einerseits zieht es Lehren aus dem operaistischen Erbe und schöpft aus der Hochkonjunktur der politischen Erfahrungen und des Klassenkampfs in Italien während der 1970er Jahre; andererseits entsteht es in der Dämmerung des Roten Jahrzehnts, als die Bewegungen sich aufzulösen beginnen, der Antagonismus und der Widerstand verblassen und die politische Teilhabe abnimmt.[56] So gesehen spannt *Über das Kapital hinaus* einen Faden zwischen einer Zeit der starken Sichtbarkeit der politischen Bewegungen und einer, in der sie verschwinden oder in die Unsichtbarkeit abgleiten. Dieses Verhältnis zwischen Sichtbarkeit und Unsichtbarkeit der Bewegungen stellt ein wichtiges theoretisches Problem dar.

In *Assembly* stellen Negri und Hardt fest: »Die Bewegungen, die uns hier interessieren, erinnern häufig an Flüsse im Karst: Bisweilen treten sie gut sichtbar auf, um dann für eine Zeit von der Oberfläche zu verschwinden, doch in ihrem Verlauf insgesamt generieren und akkumulieren sie Praxisformen und Subjektivität, geologische Schichten sedimentierten gesellschaftlichen Seins.« (Hardt/Negri 2018: 102) Die Autoren verweisen hier auf eine zentrale philosophische Frage, die im Mittelpunkt von Negris Denken seit den 1980er Jahren steht. Wenn sie behaupten, dass soziale Bewegungen über ihre Zeiten von Sichtbarkeit oder Unsichtbarkeit hinaus »geologische Schichten sedimentierten gesellschaftlichen Seins« akkumulieren, dann lassen sie die Frage nach der Notwendigkeit einer pluralen Ontologie der Politik entstehen (ebd.). Der Hinweis auf die Ontologie ist an dieser Stelle umso wichtiger, weil hier eine sehr präzise Form von Ontologie ins Leben gerufen wird: eine historische Ontologie.[57] »Unsere Auffassung von Ontologie verweist auf eine historische Beschreibung von Sein, das – als *Da-sein* – in unsere kollektive Existenz eingelassen und durch sie geformt ist. Aber, so ließe sich einwenden, wie ist eine in der Geschichte verankerte Ontologie denkbar – Sein *in* der Geschichte, Sein *von* Geschichte –, wenn Geschichtlichkeit doch unausweichlich Relativismus impliziert? Dem Sein kommt, einer solchen Auffassung zufolge, Notwendigkeit zu, während Geschichte immer kontingent bleibt. Der Einwand impliziert freilich selbst einen metaphysischen Standpunkt, insofern er, um sich zu vergewissern, entweder auf die (transzendentale) Begründung des Bewusstseins oder aber auf die erhabene Ebene der Transzendenz verweist. Unsere Auffassung einer historischen Ontologie hingegen ist erfahrungsgesättigt, jenseits aller Metaphysik, in ihrer Geschichtlichkeit verankert. Geschichte und Geschichtlichkeit des Daseins sind keine gleichgültigen oder akzidentiellen Phänomene, die von oben, aus der Warte absoluter Wahrheit betrachtet, zu relativieren sind, sondern sie finden ihren wahren Ausdruck durch menschliches Handeln und in ihm. Ihre Wahrheit ist determiniert, durch konstituierende Macht – durch die Konstituierung neuen kommunen Seins –, während umgekehrt ihre Unwahrheit durch das Ausmaß definiert ist, in dem kommunes Sein zerstört oder verunmöglicht wird.« (Hardt/Negri 2018: 102)

Aber im Begriff einer historischen Ontologie hallt auch ein Schlüsselkonzept der operaistischen Tradition wider: die Idee der politischen Klassenzusammensetzung, in deren Mittelpunkt der Grundgedanke steht, dass Kämpfe und ihre Erinnerung politische Erfahrungen sedimentieren und Subjektivität formen, die die Möglichkeitsbedingungen zukünftiger Kämpfe darstellen.

In Hinblick auf das Thema der Ontologie finden sich eine ganze Reihe von Problemen, an denen Negri zwischen den späten 1970er und frühen 1980er Jahren arbeitet, auf die er eine erste Antwort in seinem Buch zu Spinoza gibt. Sie betreffen in erster Linie die Möglichkeit, dem Vermögen der revolutionären lebendigen Arbeit eine Stärke zu geben. Wie orientiert man sich in den *Winterjahren*, wenn die Bewegungen von der Oberfläche verschwinden? »In the History of collective praxis, there are moments when being is situated beyond becoming. [...] Truth is said of being, truth is revolutionary, being is already revolution. [...] Becoming manifests its falsity when faced with the truth of our revolutionary being. It is not by chance that, today, becoming seeks to destroy being and suppress truth. Becoming seeks to annihilate the revolution« (Negri: 2004b: 1). Die philosophische Arbeit über Spinoza ist der Versuch, ein Gegengift für die Winterjahre zu finden, die zur Zeit der Abfassung des Buchs gerade begonnen hatten.

Wenn, wie Jacques Rancière betont, »der Spinozismus des ontologischen Vermögens der Multitude also in Stellung gebracht wurde, um dem marxistischen Begriff der Entwicklung der Produktivkräfte und des Klassenkampfes seine ontologische Garantie zu geben« (Rancière/Bassas 2021: 76; Übersetzung d. A.), stellt sich jedoch die Frage nach dem Preis, der für diese philosophische Operation zu zahlen ist. Rancière hebt hier einen wesentlichen Punkt hervor, der im Mittelpunkt der Analyse Negris steht. Die Rückkehr zu Spinoza stellt den Versuch dar, dem Handlungsvermögen der Multitude, ihrer Kraft, verbunden zu sein und gemeinsam zu wirken, ein ontologisches Fundament zu verleihen.

In dem oben zitierten Abschnitt aus *Assembly* haben Negri und Hardt die möglichen Einwände gegen eine solche Operation schon hervorgehoben. Das Paradox und die Schwierigkeit der philosophischen Operation bestehen gerade darin, zwei auf den ersten Blick gegenseitige Pole zusammenbringen zu wollen: Das Handlungsvermögen wird durch die Bestimmung von dessen Kontingenz historisiert; dadurch bekommt das Handlungsvermögen allerdings wiederum eine ontologische Dimension. Der zentrale philosophische Kern von Negris Werks befindet sich genau an der Schnittstelle zwischen der Betonung der historischen Rolle der revolutionären Subjektivität, wie sie im vorherigen Kapitel skizziert wurde, und der Tatsache, dass er ihr eine ontologische Kraft zuschreibt. Diese philosophische Operation, die die Originalität von Negris Ausführungen ausmacht, ist jedoch nicht unproblematisch.

3.1 Die Abenteuer der Antidialektik

In welcher politischen und philosophischen Konjunktur situiert sich der theoretische Vorschlag Negris?

Wie bereits erwähnt, wurde ab den 1960er Jahren nicht nur der Marxismus, sondern das gesamte philosophische Denken in Italien wie anderswo mit den großen historischen und sozialen Veränderungen konfrontiert. Mit den technologischen Veränderungen und dem Wandel der Produktionsweisen entstanden neue Lebensformen, neuartige Modelle der politischen Partizipation und eine politische Subjektivität, die neue politische Konflikte ermöglichte. Weltweite geopolitische Transformationen, die u.a. durch die neu entstandenen antikolonialen Bewegungen möglich wurden, trugen dazu bei, die eurozentrische politische und philosophische Kultur infrage zu stellen.

Im Herzen der europäischen Kultur haben diese Transformationen Unruhe gebracht. Zunächst hatte das marxistische Denken im Laufe des 20. Jahrhunderts die Konflikte in der Gesellschaft noch durch den Hinweis auf die Existenz eines starken Subjekts, welches mit dem Proletariat identifiziert werden konnte, interpretieren können. Negri erläutert diese Debatten, wenn er ausgehend von seiner persönlichen Erfahrung und insbesondere in Bezug auf den »italienischen Operaismus« behauptet: »Wir waren auf der Suche nach einem *starken Subjekt* (der ArbeiterInnenklasse), das imstande sein würde, den Mechanismus der kapitalistischen Produktion zu bekämpfen und in die Krise zu stürzen.« (Negri 2012: 194)

Wie im vorherigen Kapitel beschrieben, sind die Auffassungen über die Ereignisse um 1968 im Operaismus verschieden. Für Mario Tronti glichen die Ereignisse von 1968 eher einer Dämmerung als einer Morgenröte. Er insistierte wiederholt darauf: »Das 20. Jahrhundert endet im Zeichen der Niederlage der Arbeiterklasse.« (Tronti 2009: 64; Übersetzung d. A.)

Aber jenseits der operaistischen Tradition oder der marxistischen Tradition hatte sich in Italien seit den 1970er Jahren ein Gefühl der Erschöpfung und Müdigkeit ausgebreitet. Dieses Gefühl war vermehrt mit der Vorstellung verbunden, man würde dem Beginn des Endes der Geschichte beiwohnen. Viele glaubten, dass die Konflikte und der Klassenkampf zu Ende gegangen seien oder ihre emanzipatorische Kraft verloren hätten. Dieses Gefühl rührte auch daher, dass das Proletariat – das Subjekt, das die Geschichte des 20. Jahrhunderts dominiert hatte (ebd: 77 ff.) – im Begriff war zu verschwinden.

Doch wie schon erwähnt, betraf dieses Gefühl nicht allein die marxistische Kultur. Allgemein – und philosophisch – gesprochen verbreitete sich zu Beginn der 1970er Jahre ein Gefühl des Verlusts jedweder »hellen, eindeutigen und stabilen kartesianischen Referenz« (Vattimo/Rovatti 1983: 10). In Italien führte dieses Gefühl zu einer philosophischen Haltung, die ihren entscheidenden Ausdruck in der sogenannten philosophischen Strömung *Das schwache Denken* (*Il pensiero debole*) findet. Im Vorwort des erwähnten Bandes zum *pensiero debole* betonen Vattimo und Rovatti, schwaches Denken bedeute, »dass die Rationalität sich innerlich depotenzieren muss, indem sie nachgibt, sich nicht davor fürchtet, in die vermeintliche Schattenzone zurückzugehen« (ebd.: 10). Schwaches Denken ist eine vorläufige, vielleicht sogar widersprüchliche Formulierung, aber es markiert einen Weg; es ist ein Weg, der sich von der Herrschaft der Vernunft abzweigt. Schwaches Denken ist eine Haltung, eine Art von Unruhe, das tragische Bewusstsein, dass wir uns am Rande eines Übergangs befinden (ebd.: 10 f.). Die Diagnose, die das *schwache Denken* verbreitet, besteht darin zu sagen, dass es in der gegenwärtigen Zeit keine Möglichkeit eines einheitlichen Fundaments mehr gibt. Der Strukturalismus und die Phänomenologie waren in den 1960er Jahren Versuche, diese Krise der Philosophie zu überwinden. Aber dieser Versuch war erfolglos (ebd.: 7).[58] Das *schwache Denken* vollzieht eine Diagnose, die in aller Munde ist. Es spürte die tiefen und epochalen Transformationen der Welt und war ein Seismograf der Mutationen des philosophischen Diskurses. Ihre Ansätze waren Teil einer philosophischen Konjunktur, die unter dem allgemeinen Versuch stehen könnte, Wege der Antidialektik in die zeitgenössische Philosophie zu bahnen und Hegel und den immensen Ressourcen seiner Dialektik zu entkommen.[59] Der Versuch, sich Hegels Philosophie zu entziehen, nimmt in dieser Zeit unterschiedliche Formen an: Egal ob die Ablehnung durch den Rückgriff auf Kierkegaard, Nietzsche, Heidegger oder Husserl erfolgt – auf jeden Fall kennzeichnet sie einen Versuch, der mit der von Jean-François Lyotard in *Das postmoderne Wissen* als »Ungläubigkeit«

gegenüber den »großen Erzählungen« der Moderne definierten Frage einhergeht (vgl. Lyotard 1982).[60] Es handelt sich um eine besondere Haltung und Unruhe gegenüber jedweder Erzählung, die seit der Aufklärung die Geschichte der Menschheit als einen langen Weg einer Emanzipation darstellt.

Die Tragweite dieser postmodernen Positionen ist Negri bekannt. Seine antidialektische Interpretation von Marx erfolgt in einem intellektuellen Klima, das vom Versuch geprägt ist, Marx von Hegel loszureißen. Diesen Ausgangspunkt zu teilen bedeutet jedoch nicht, dass Negri zu denselben Schlüssen kommt wie viele seiner Zeitgenossen. Negris Überlegungen zur Rolle der revolutionären Subjektivität stehen im Gegensatz zu Positionen, die das Verschwinden des Subjekts und damit das Ende der Geschichte und des Klassenkampfs betonen. Veränderungen der Formen des Klassenkampfs, der Subjektivität und der Klassenzusammensetzung stehen vielmehr im Zentrum seines Interesses.[61]

3.2 Die Schwelle der Anti-Moderne: Von Nietzsche zu Heidegger und zurück

Die philosophische Konjunktur nach 1968 und insbesondere am Ende der 1970er Jahre ist komplex, in einer Gegenwart, die aus Misere und Einsamkeit besteht. Im Gefängnis arbeitet Negri nicht nur am Spinoza-Buch, er liest auch erneut Giacomo Leopardi. Seine Lektüre des italienischen Dichters erfolgt in einer Zeit der politischen Niederlage, nach der Krise von 1968. Es ist die Zeit der Restauration, während deren die kapitalistische Herrschaft versucht, die Ordnung nach der revolutionären Phase wiederherzustellen. Es ist auch die Krisenzeit des realen Sozialismus in den politischen Regimen im Osten, die zum Fall der Berliner Mauer geführt habe, wie er festhält (Negri 2006: 9). Vielleicht weist Negris Einsamkeit Analogien zu der Situation auf, in der Leopardi lebte: Der italienische Dichter war durch die Krise der Französischen Revolution und den darauffolgenden Prozess der reaktionären Neudefinition des modernen Nationalstaats geprägt. Er erfuhr diese Krise unter den rückständigen politischen Bedingungen Italiens, welche die Geschichte des Landes Anfang des 19. Jahrhunderts in wirtschaftlicher, politischer und sozialer Hinsicht charakterisieren. Aus der italienischen Provinz kommend, ist Leopardi für Negri sowieso ein europäischer Dichter und Denker, der sich mit den wichtigsten Denkströmungen der europäischen Kultur beschäftigt: Leopardis Dichtung erfährt die Transformation der Poetik des 19. Jahrhunderts und spürt die Entstehung der kapitalistischen Gesellschaft. Leopardi ist Revolutionär und Zerstörer der heuchlerischen Fabulationen, die einen maßlosen Fortschritt predigen. Leopardi ist der Dichter, der im 19. Jahrhundert den Bruch mit dem dialektischen Denken und mit dem deutschen Idealismus im Moment seiner europäischen Hegemonie erlebt und diesen mit vorantreibt. Leopardis Dichtung bahnt den Weg zu den späteren antidialektischen Erfahrungen, die ihren entscheidenden Sprung mit Nietzsche erleben werden.[62]

In Italien, wie auch in anderen Teilen Europas, erfährt die Philosophie Nietzsches in den 1960er und 1970er Jahren eine Renaissance. Auch die Phänomenologie und teilweise die Hermeneutik werden wieder stärker rezipiert. Es war Nietzsches Denken, das den Mythos der Moderne im 19. Jahrhundert unwiderruflich erschüttert hat. Nietzsche hat mit dem Hammer philosophiert und damit hat er alle unbegründeten Illusionen der modernen philosophischen Reflexion an ihr Ende gebracht. Nach ihm und in dem von ihm gebahnten Weg, wenn auch mit unvereinbaren Abweichungen zu Nietzsche, hat Heideggers

Philosophie einen der wichtigsten *antimodernen* Wege im zeitgenössischen Denken beschritten und dabei eine unüberbrückbare Distanz zu Hegel markiert. Damit tragen Nietzsche und Heidegger auf unterschiedliche Art und Weise dazu bei, antidialektische Wege in die zeitgenössische Philosophie zu bahnen. So schreibt Negri: »The distance between Hegel and Heidegger could not be greater, meaning the distance between Heidegger and the whole of modern philosophy. And yet paradoxically Heidegger is not all that isolated. He is not simply the prophet of the destiny of modernity. At the very moment at which his function is termination, Heidegger represents a portal that can open onto antimodernity, meaning onto a conception of time as ontologically constitutive relation, which breaks radically with the hegemony of substance and of the transcendental, and opens it on the contrary onto a sort of potency.« (Negri 2013: 58 f.)

Für Negri ist es genau das, was Heideggers Position so interessant macht: Heideggers Philosophie hat den großen Vorzug, dass sie die Illusion des Transzendentalen beendet, eine Rückkehr auf die Erde ermöglicht, eine Anerkennung, dass das Sein uns gehört und dass wir es konstituieren. Heideggers Philosophie zeigt also nicht nur, dass die Welt ein Gewebe aus menschlichen Beziehungen ist, sondern sie bricht auch mit der Dialektik und dem Glauben an irgendeinen Fortschritt, indem sie stattdessen die *Faktizität der Existenz* (Heidegger 2018) affirmiertund damit jede Gefahr der Teleologie ausschließt. Die Existenz ist Präsenz, Kontingenz und Faktizität. Sie entfaltet sich in keiner Weise nach einem vorbestimmten Plan.

Aber welchen Umständen ist die Existenz in ihrer Faktizität nach Heidegger ausgesetzt? Zunächst einmal der Zerstreuung im Phänomen des *Man*, die ihre *Unselbständigkeit* und *Uneigentlichkeit* darstellt (Heidegger 1967: 128). Die Existenz ist der Anonymität und der Vermassung ausgesetzt. Heidegger schreibt:

»Das Selbst des alltäglichen Daseins ist das *Man-selbst*, das wir von dem *eigentlichen*, d.h. eigens ergriffenen *Selbst* unterscheiden. Als Man-selbst ist das jeweilige Dasein in das Man *zerstreut* und muss sich erst finden. Diese Zerstreuung charakterisiert das ›Subjekt‹ der Seinsart, die wir als das besorgende Aufgehen in der nächst begegnenden Welt kennen.« (Ebd.: 129) Andererseits ist die Existenz per definitionem dem Tod ausgesetzt, der jedoch für Heidegger eine authentische Dimension der Existenz ist, insofern er die Möglichkeiten des *Daseins*, des Existierens, aneignet (ebd.: 235 ff.). Negri schreibt dazu: »But how to authenticate Da-Sein? Amid this tragic muddle, death represents the most authentic and appropriate possibility of Da-Sein. But death is also the impossibility of presence: the ›possibility of an impossibility‹ thus becomes the most appropriate and authentic determination of Da-Sein.« (Negri 2013: 58)

Wenn Negri Heidegger aufs Schärfste misstraut, dann nicht nur, weil Heideggers Denken im Grunde *reaktionär und faschistisch* ist, sondern weil Heideggers Auffassung vom Sein das Leben erstickt. Auch wenn Heidegger das Transzendentale ablehnt und das Sein auf die Erde zurückbringt, d.h. in die Faktizität seiner Präsenz, auch wenn er das *Dasein* für zukünftige Möglichkeiten öffnet, so schließt er diesen Weg wieder, wenn er behauptet, dass die spezifischsten Möglichkeiten des Seins im Tod liegen. Die Konstitution des Seins bei Heidegger vollzieht sich in einer Tendenz hin zur Vernichtung, d.h. zum Tod, zur Leere.

So hätte Heidegger zwar in der zeitgenössischen Philosophie eine wichtige Rolle für die Ablehnung des Transzendentalen spielen können. In diesem Zusammenhang hätte seine Philosophie einen Platz in den revolutionären Traditionen finden können, die auf die Renaissance und auf Spinoza zurückgehen; sein Denken hätte ein wichtiger Baustein in der Ablehnung der

Dialektik und der damit verbundenen Vorstellungen von Fortschritt und Versöhnung sein können. Aber Heidegger schloss das gesamte Potenzial seiner Philosophie wieder in die Perspektive des Seins zum Tode ein (ebd.: 67). So schreibt Negri: »This does not mean that we should not denounce the thought of Heidegger as reactionary, and not just because it is probably linked to the vicissitudes of the Nazi movement and fascist politics, but also because its conception of being makes destiny the suffocation of life. Heidegger is a black serpent, he strangles us.« (Ebd.: 68)

3.3 Spinoza, Anti-Heidegger

Auf diesem antimodernen Weg identifiziert Negri jedoch einen Anti-Heidegger: Was bei Heidegger schwankt und zur Leere und zum Tode tendiert, konkretisiert sich umgekehrt bei Spinoza in einer Philosophie der ontologischen Fülle. Was ist darunter zu verstehen?

Spinozas Philosophie ist zunächst einmal die Ablehnung von Transzendenz und die volle Entfaltung einer Ebene der Immanenz. »Spinoza begründet den modernen Materialismus in seiner höchsten Form und bestimmt damit den eigentlichen Umkreis der modernen und zeitgenössischen philosophischen Spekulation – einer Philosophie des weltlichen und bestimmten Seins und eines Atheismus als Verneinung jeglicher vorgegebenen Ordnung für das menschliche Handeln und für die Konstitution des Seins.« (Negri 1982: 9)

Spinozas Welt ist eine, die keine Transzendenz voraussetzt. In einem unter dem Titel *Hegel oder Spinoza* 1979 erschienenen Buch, das für Negris Denken eine wichtige Rolle gespielt hat, zeigt Pierre Macherey diesen grundlegenden Aspekt des Denkens Spinozas bereits auf. Macherey weist darauf hin, dass der mögliche (hegelianische) Einwand gegen Spinozas Philosophie darin bestehen würde zu sagen, dass in einer solchen Welt, jenseits derer es nichts gibt, ein Prinzip fehlt, welches der Welt erlauben würde, sich zu bewegen. Macherey rekonstruiert das Verhältnis Hegels und Spinozas so: »Die Unzulänglichkeiten des Spinozismus [sind] für Hegel augenfällig. [...] Der Spinozismus [ist] ein angehaltenes Denken, das unfähig ist, das Negative in jener Bewegung zu erfassen, die es unaufhaltsam über sich selbst hinaus, auf das Positive hin, zuträgt. [...] Die Schwäche des Spinozismus rührt daher, dass er im Verstand keine wirksame Waffe gegen das Negative und insbesondere nicht jene absolute Waffe der unendlichen Negativität oder Negation der Negation finden konnte, denn diese gehört dem vernünftigen Denken an, das sich nicht auf Verstandesbestimmungen reduzieren lässt und dessen konkrete Entwicklung und immanentes Leben es gerade garantiert.« (Macherey 2019: 152f.)

Bezugnehmend auf Negris Interpretation der Philosophie Spinozas, zeigt Macherey jedoch, dass die Präsenz, von der in Spinozas Philosophie die Rede ist, keine träge Präsenz ist. Bei ihr geht es nicht um Inaktivität, denn die spinozistische Substanz ist Vermögen, eine kreative Handlung, die Neues hervorbringt: »Seen from this angle, Spinoza's philosophy is one of presence in the sense that it is not reducible to the factual state that constitutes its limit but is conceived according to its function of invention and productivity, the scope of which is unlimited. The being expressed through this presence in the most varied forms is not an inert substance whose flaw would be, as in Hegel's diagnosis, not being a subject, which condemns it to inactivity. For the Spinozist substance, which is also power, is fundamentally active in the sense of creative action that perpetually engenders the new.« (Macherey 2013: 148)

Macherey erkennt in Negris Lektüre eine Nähe zu den Philosophien von Nietzsche, Deleuze und Foucault, da Negri die Frage nach der Differenz verhandelt, ohne sie auf das Thema des Widerspruchs zu reduzieren, das im Gegensatz dazu das Herzstück der Hegel'schen Philosophie ist. Während Spinoza für Hegel das Negative verzerrt hat, gibt es für Negri das Negative bei Spinoza nicht; es existiert nicht in der Form der Vermittlung oder eines Begriffs, der Bedingungen stellt, die überwunden werden müssen. Deshalb ist Spinoza eine Anomalie, eine Herausforderung für die Moderne und ihre Interpretationsraster, die sich auf die Themen Fortschritt und Totalisierung stützen und somit von den traditionellen Geschichtsphilosophien durchdrungen sind (ebd.: 147).

Nach Macherey zeigt Negris Interpretation erneut, dass Spinoza mit Hobbes' normativem Transzendentalismus, das heißt mit der Idee, gemäß der das Gesetz den Subjekten von oben auferlegt werden sollte, der Rousseau'schen Konzeption des allgemeinen Willens oder der Hegel'schen *Aufhebung* (das heißt der *Überwindung* der Widersprüche) nichts teilt. »Dennoch wurde Spinoza viel zu oft in der klebrigen ›demokratischen‹ Suppe des normativen Hobbesschen Transzendentalismus, des Rousseauschen Gemeinwillens und der Hegelschen *Aufhebung* (im Original deutsch) gekocht – ein typisches Ergebnis der Trennung von Produktion und Verfassung, von Gesellschaft und Staat. Nein: In der Spinozianischen Innerweltlichkeit, in der spezifisch Spinozianischen Sicht des Politischen ist Demokratie die Politik der Massen (im Original: moltitudine), die sich in der Produktion organisieren, und die Religion ist die Religion der ›Unwissenden‹, die in der Demokratie organisiert sind.« (Negri 1982: 10)

Nach Negri ist Spinoza der Denker einer nicht-mystifizierten Form der Demokratie. Seine Philosophie stellt die Möglichkeit dar, Alternativen der Moderne zu denken, die im revolutionären Prozess verwurzelt sind. » Spinoza zeigt, dass die Geschichte der Metaphysik radikale Alternativen einschließt. [...] Spinoza setzt das Problem einer subjektiven Zerstörung der Eindimensionalität der kapitalistischen Entwicklung.« (Ebd.: 11 und 13)

Demokratie ist für Spinoza eine Politik der Multitude. Die Demokratie lebt weder in der Rechtsstaatlichkeit, in der Regierung des Gesetzes oder im allgemeinen Interesse noch in den politischen Parteien, die als Formen der politischen Vermittlung fungieren. Die Multitude entsteht für Negri nicht unter bestimmten Bedingungen des Seins: Sie ist – wie Macherey festhält – ungebunden und demokratisch in sich selbst: »The multitude is not an avatar derived from being that, under certain conditions and at a certain moment, would detach itself from being and conquer its autonomy by stabilizing itself. [...] Untamable, effervescent, literally unleashed, being is in itself naturally ›democratic‹, that is, indefinitely multiple, multiform, and plurivocal, disputing with itself, a permanent creation of novelty.« (Macherey 2013: 151)

Aber wie lässt sich diese Frage nach der Demokratie besser verorten? Kurz und bündig schreibt Negri in der ersten Zeile seines Buches *Il potere costituente* (das auf Englisch unter dem Titel *Insurgencies* herauskam): »to speak of constituent power is to speak of democracy« (Negri 1999: 1).[63] Die Rückkehr zu Spinoza ist also eine Rückkehr zur Frage der konstituierenden Macht. Wenn die konstituierende Macht in der bürgerlichen juristischen Definition als Bruch oder Ausnahme betrachtet wird, das heißt als eine Kraft, die die konstituierte Ordnung zerbricht, um eine andere zu konstituieren, kehrt Negri diese Auffassung um und zeigt, dass die konstituierte Ordnung die Ausnahme ist, weil sie die kollektive Bewegung und Macht blockiert (vgl. Lorey 2020a: 133 f.; Negri 1998). So schreibt Negri:

»We have thus inverted the frame in which the jurists and constitutionalists, as well as the sociologists and politicians, give us the definition of constituent power [...]. It does not come after the political, as in a tormented sociological pause or in a suspension of institutional reality, nor can it be reduced to an extemporaneous blitz of the collective will in such a way that they would have to guarantee the limitation of its effects in the constitution of the political. No, constituent power comes first, it is the definition itself of the political, and where it is repressed and excluded, the political is reduced to pure mechanical nature, to being an enemy, and a despotic power. A political power without constituent power is like an enterprise without profit, without the living labor of innovation and the enrichment of productivity. The political without constituent power is like an old property, not only languishing but also ruinous, for the workers as well as for its own owners.« (Negri 1999: 334)

Man kann hier Anschlüsse an die operaistische Tradition vernehmen. Die konstituierende Macht bringt das Thema der revolutionären Subjektivität zurück. Sie ist in der Materialität der Produktivkräfte verwurzelt: »Constituent power is the social and political subjectivity of this radical constitution of the world of life.« (Ebd.: 328)

Il potere costituente (*Konstituierende Macht*) sollte als Fortsetzung des Spinoza-Buchs und der Forschung zu Descartes, die Negri bereits Anfang der 1970er Jahre begonnen hatte, gelesen werden. In *Political Descartes* untersucht er vor allem die Auflösung der feudalen Verhältnisse in der neuen Struktur des Staates. Damit will er zeigen, wie sich der Staatsapparat durch einen ständigen Kampf mit der Zivilgesellschaft entwickelt. In dieser Hinsicht analysiert Negri die Genese des modernen Staates und weist auf die Krise der Moderne hin. Im Gegensatz dazu ist das Buch über Spinoza die Suche nach Alternativen zur Moderne, die durch den revolutionären Prozess verwirklicht werden können. Diese Alternativen verankern sich auch in der Geschichte der Metaphysik, wie er schreibt: »Die Metaphysik, als überragende ideelle Form, in der sich das moderne Denken organisiert, ist nicht völlig einheitlich. Sie umfasst die Alternativen, welche jene Geschichte hervorbringt, die dem Klassenkampf zugrunde liegt.« (Negri 1982: 11) Eine andere Welt zu denken und aufzubauen, einen anderen Weg zu definieren als den, der das Erbe der Moderne vorzugeben scheint, sind einige der Herausforderungen der Philosophie Spinozas.

3.4 Die Ontologisierung der Macht

Negris Rückkehr zu Spinoza erfolgt innerhalb einer komplexen Konjunktur. Bei seiner Lektüre von Spinoza stützt sich Negri auf die wichtigsten Werke zu Spinoza, die seit den 1960er Jahren erschienen sind, darunter die von Martial Gueroult oder die der althusserianischen Schule wie im Fall von Machereys Buch *Hegel oder Spinoza*. Die Hauptwerke von Gilles Deleuze und Alexandre Matheron über Spinoza sind weitere unumgängliche Referenzen für Negris Denken (Negri 1982: 12). Negri schlägt eine Ontologisierung der Macht der revolutionären Subjektivität in einer Zeit vor, in der die zeitgenössische Philosophie, die vor allem durch die französische Episode des Strukturalismus geprägt wurde, eine Kritik des Subjekts und aller theoretischen Humanismen betreibt. Katja Diefenbach zeigt, dass Negris Betonung der revolutionären Subjektivität Althussers Konzept des »Prozesses ohne Subjekt« zu widersprechen scheint.[64]

Wie Negri selbst betont, hatte Althusser dazu beigetragen, den Marxismus von allen spiritualistischen und humanistischen Elementen zu befreien, die noch in ihm herumgeisterten (Negri 2015c: 183).[65] Althusser hatte eine Dekonstruktion/Destruktion der klassischen Theorie des Subjekts mit einer solchen Radikalität vorgenommen, dass dieses Unterfangen seine Kritik zu einem Punkt gebracht hatte, an dem die Idee eines Prozesses ohne Subjekt in den Mittelpunkt rückt. Wir haben schon erklärt, dass diese Kritik in ihrer vollen Bedeutung begriffen werden kann, wenn sie als ein Übergang interpretiert wird, in Richtung einer Theorie der Konstitution der Subjektivität.

Auf Basis dieser Diskussionen zeigt Diefenbach, dass Negris Operation die philosophische Position von Althusser umkehrt (Diefenbach 2018: 39 f.). Althussers Intervention war entscheidend, um Marx von Hegel und dem Hegelianismus loszureißen. Nach Diefenbach definierte Althussers Philosophie in den 1960er Jahren einen Weg, der es ermöglichte, den Marxismus von seinen idealisierenden Figuren des Subjekts, des Ziels und des Ursprungs zu trennen (ebd.: 24). »Aber ist Spinoza der richtige Zeuge, um einen derartigen Trennungsstrich zwischen Marx und Hegel zu ziehen?«, fragt sich die Autorin (ebd.: 29).

Negris Position ist umso komplexer, weil die Umkehrung, die er vornimmt, wenn er »auf Konzepte rekurriert, in denen Materialismus und Idealismus in intimster Weise miteinander vernäht sind – Subjektivität, Aneignung, Vervollkommnung« (ebd.: 40), ihn in die Nachfolge der Marx'schen *Manuskripte von 1844* und seines »Humanismus als Naturalismus« (Marx 1968: 3. Manuskript: 530 ff.) zurückstellt.[66] Wenn diese Interpretation stimmen würde, könnten Negri und Althusser nicht weiter voneinander entfernt sein, weil Althussers philosophisches Projekt darin bestand, die Philosophie von allen humanistischen Begriffen zu befreien. Wenn Negri den spinozistischen *conatus* in der menschlichen Natur verankert – auch wenn er ihn auf eine kollektive und nicht mehr individuelle Dimension bezieht –, kehrt er zu einer humanistischen Auffassung zurück, also genau zu dem, wovon Althussers Kritik den Marxismus zu befreien versucht hatte. Es gibt eine Form von Anthropologismus bei Negri, so Diefenbachs These. Dieser zeigt sich in der zentralen These von *Die Wilde Anomalie*, die besagt, dass der *conatus* zur Steigerung der Kooperation und der gemeinsamen Kräfte drängt (Diefenbach 2018: 46f.). Zwar ist der *conatus* an kein transzendentales Prinzip gebunden, aber Negri schreibt den Menschen eine Tendenz zu, ihr Dasein in Richtung Freiheit, in Richtung einer immer größeren Rationalität zu lenken. Dies ermöglicht es Negri, den *conatus* als Motor für die Bildung einer zukünftigen Gemeinschaft zu betrachten. Die Macht der Multitude ist somit die Grundlage und die Grenze jeder Form von Regierung: Die Freiheit kann nie ganz ausgelöscht werden.

Wenn Matheron Negris Buch als marxistisches Werk begrüßte und Deleuze betonte, dass es eine Alternative zur juristischen Weltanschauung von Hobbes, Rousseau und Hegel darstelle, dann deshalb, weil Negri zeigt, dass die Multitude durch ein Vermögen gekennzeichnet ist, dessen Ziele nicht von *vornherein* festgelegt sind. Die Multitude bringt ihre gemeinsamen Essenzen hervor, ohne auf ein äußeres Element zurückzugreifen. Hier wird die u.a. von Hobbes vertretene These des Kontraktualismus, wonach die konfliktträchtige Vielfalt der Multitude nur durch die Subsumtion aller unter einen einzigen Vertreter reduziert werden kann, zugunsten der Behauptung verworfen, dass es eine *innere Tendenz* der Systeme zur Demokratie gibt.

»Aber wer garantiert die friedliche Konvergenz der verschiedenen Interessen der Mitglieder der Multitude, und wer kann vorhersehen, dass sie sich bei allen zugestandenen Differenzen demokratisch organisieren wird?«, fragt sich Martin Saar (2013: 181). Anders ausgedrückt: Was erlaubt es Negri zu behaupten, dass die *multitudo* nicht zum *Mob* werden kann, zu einer irrationalen und bedrohlichen Menge (ebd.: 231)? Aus welchen Gründen darf Negri bekräftigen, dass die Multitude zur Demokratisierung tendiert? Gibt es nicht letztlich doch ein transzendentes Prinzip, das hinter einem solchen Glauben steht?

Diefenbach beantwortet diese Frage, indem sie zeigt, dass dieses Prinzip nicht transzendent ist, sondern auf der Idee des *conatus* beruht, die eine anthropologische Konzeption reaktiviert. Sie weist jedoch auch darauf hin, dass Negri die Rolle der traurigen Leidenschaften, die in Spinozas Werk ebenfalls eine zentrale Rolle spielen, ausklammert (Diefenbach 2018: 54). Negri zufolge verlieren die Konzepte von Macht und Herrschaft, von Angst und Furcht in *Die wilde Anomalie* ihre Tiefe zugunsten einer Idealisierung des menschlichen Kooperationsvermögens. Diese Kritik deckt sich in gewisser Weise mit der von Saar, der noch zwei weitere Einwände vorantreibt.

Der erste betrifft die zwei Dimensionen von Macht (*pouvoir/puissance; potestas/potentia*), die in Negris Werk von zentraler Bedeutung sind. Mit Macht (im Sinne von *pouvoir, potere, potestas*) meint Negri die Form der kapitalistischen Produktionsverhältnisse, die autoritäre Form der sozialen Befehlsgewalt, die Gesamtheit der Herrschaftsbeziehungen; gegen diese Macht (*pouvoir*) steht die Macht (*puissance*) der Produktivkräfte und Multituden, die die Demokratie aufbauen.[67] Saars Kritik zielt darauf ab zu zeigen, dass diese Dichotomie der Macht, wie sie in Negris Denken aufrechterhalten wird, nicht durch den Verweis auf Spinozas Werk gerechtfertigt ist, da Spinoza selbst keine Opposition zwischen den beiden Begriffen aufstellt (Saar 2013: 169 ff.). Eine solche Opposition auf den Text von Spinoza zu übertragen wäre eine verfehlte Lektüre. Saar scheint hier implizit der Position Foucaults zu folgen, Machtverhältnisse anders als im Modell des Krieges oder des Antagonismus zu denken, insbesondere mithilfe des Konzepts der *Gouvernementalität* (vgl. Foucault 2004; Foucault 2006).

Der zweite und entscheidendere Punkt seiner Kritik besteht darin zu zeigen, dass Negri, indem er *pouvoir* (*potestas*) und *puissance (potentia)* gegenüberstellt, sich selbst daran hindert, den entscheidenden Punkt von Spinozas Immanenzphilosophie zu erfassen, nämlich seine Behauptung der *Kontingenz,* der Tatsache, dass jedes Machtverhältnis akzidentell ist. Wenn Negri der Multitude eine Tendenz zur Demokratisierung zuschreibt, neutralisiert er genau die Kontingenz.

Es ist jedoch möglich, dass dies kein Versehen Negris, sondern auf den besonderen Weg zurückzuführen ist, auf den hin er seine gesamte Philosophie gerichtet hat: Wenn er mit der Kritik Nietzsches und Heideggers brach, weil er sie auf die einzige Formel des Seins zum Tod beschränkte, distanziert er sich von einer Strömung der gegenwärtigen Philosophie, die die Kontingenz radikal zu ihrer Notwendigkeit machte. So beraubt sich Negri eines philosophischen Werkzeugs, das es ihm ermöglicht hätte, die Kritik an jeder Form von Anthropologismus bis zum Ende zu bringen und seine Philosophie in den Formen der Kontingenz zu verankern.

Wenn Negris Kritik zeitweise zur Teleologie zu tendieren scheint, ist sie gleichzeitig im Klassenkampf und in seinen Kontingenzen verankert. Sein Denken führt zu einer auf Beziehungen und Konflikten basierenden Ontologisierung der Macht, das heißt auf eine historische Ontologie. Das Zusammenleben oder das Gemeinsame ist ein Beziehungsnetz, auf dem die historische Konstitution des sozialen Seins beruht. Demokratie ist nicht das Prinzip, das diese historische Konstitution in Bewegung setzt, sondern der Name, den man dem Klassenkampf geben kann, wenn er in der Lage ist, ein Zusammenleben zu konstituieren. Für Negri gibt es keine Emanzipation, sondern die

Konstitution eines gemeinsamen Wesens. Denn wenn die Emanzipation ein teleologisches Konzept ist, das einer historischen Bewegung Sinn verleiht, indem es von außen auf sie angewendet wird, verweist das gemeinsame Sein umgekehrt auf die Materialität des revolutionären Prozesses, der das Gemeinsame produziert.

Und doch bleibt das Problem: In den 1960er und 1970er Jahren hat Negri den Klassenkampf in seiner historischen Kontingenz analysiert; seit den 2000er Jahren bevorzugt er eher eine Analyse, die sich immer mehr nach der Ontologisierung des revolutionären Vermögens richtet und die sich insbesondere in der Verallgemeinerung des Begriffs von Multitude manifestiert.

4. Der Horizont eines neuen revolutionären Zyklus

In den 1970er Jahren sieht sich die kapitalistische Herrschaft in den westlichen Gesellschaften zunehmend mit dem Problem der Instabilität der Regierungsform konfrontiert. Die herrschenden Klassen müssen feststellen, dass sie sich nicht nur *einem* Konflikt gegenübersehen, der von *einem* großen Widerspruch verursacht ist und die gesamte Gesellschaft durchzieht; vielmehr zeigt sich, dass es plurale und vielfältige Antagonismen sind, welche die Gesellschaft auf verschiedenen Ebenen durchziehen: Arbeiter:innenungehorsam, antirassistische Revolten, Frauen- und Studentenkämpfe, Infragestellungen der patriarchalen Familienordnung, antipsychiatrische Bewegungen oder Kämpfe sexueller Minderheiten. Die Verbreitung und Vermehrung der Kämpfe führen zu einer Krise der Gouvernementalität (vgl. Chamayou 2019).[68]

4.1 Postfordismus und neoliberale Gouvernementalität

Im ersten Kapitel wurde gezeigt, wie das Kapital auf die in den 1960er und 1970er Jahren entstandenen Revolten, auf den Widerstand und das Experimentieren mit neuen Lebensformen reagiert hat. Um weiter existieren zu können, musste der Kapitalismus die Macht der Arbeiter:innenklasse in den Fabriken brechen, eine neue Ordnung errichten und die veralteten und ineffizienten Formen der Macht durch neue, effektivere und profitablere Regierungsstrategien und -technologien ersetzen. Es bedurfte einer Anpassung der Machtstrukturen an die sich verändernden Macht- und Kräfteverhältnisse in der Gesellschaft. In dieser historischen Konstellation beschleunigt sich der Übergang zu einem postfordistischen Modell und einer neoliberalen Gouvernementalität (vgl. Nigro/Stubenrauch 2021).

Bezugnehmend auf die Kämpfe der 1960er und 1970er Jahre wurde deutlich, dass sich die Arbeiter:innenklasse gegen die Disziplinargesellschaft und die von ihr durchgesetzte Trennung der Räume aufgelehnt hatte. Als »getrennte Räume« wird ein soziales Modell beschrieben, das die Produktionsformen des Kapitalismus im 19. und teilweise im 20. Jahrhundert umfasst. Mit dem Modell ist vor allem die liberale Gesellschaft gemeint, die im 20. Jahrhundert Überschneidungspunkte mit dem fordistischen Modell hat. Der Fordismus ist das Modell einer Disziplinargesellschaft, in der der Arbeitsraum vom Privatleben getrennt war, also der Produktionsort von dem der Reproduktion (Nicoli/Paltrinieri 2017: 9). In einer solchen sozialen Struktur musste das einzelne Individuum diszipliniert und zur Arbeit gezwungen werden, einfach weil die Ziele des Unternehmens und die der Arbeitnehmer:innen nicht übereinstimmten. Es war notwendig, den Einzelnen hierarchischen und autoritären Strukturen zu unterwerfen. So schreibt Foucault: »[Es] wurde [...] dann erforderlich, dass jeder wirksam vom Auge der Macht erfasst wurde. Man wollte eine Gesellschaft kapitalistischen Typs, mit einer möglichst intensiven und effizienten Produktion. Als man in der Arbeitsteilung Menschen benötigte, die ganz unterschiedliche Dinge tun konnten, und als man befürchtete, Volksbewegungen könnten durch aktiven oder passiven Widerstand oder durch offene Revolte die in Entstehung begriffene kapitalistische Ordnung umstürzen, brauchte man eine präzise, konkrete Überwachung jedes Einzelnen.« (Foucault 2003: 485; Foucault 2015: 316)

Das ist die eigentliche Entstehung der Lohnbedingung, die eine Voraussetzung für die Etablierung kapitalistischer Verhältnisse darstellt.[69] Negri zeigt, dass der Arbeiter im Rahmen der fordistischen und tayloristischen Arbeitsorganisation von seinem Wissen getrennt wird, weil die Leitung der Produktion dem Management obliegt (Negri 2019a). Die liberale Rationalität ist eine Rationalität der Trennung, also der getrennten Räume.

Gegen die Disziplinargesellschaft und das fordistische Modell haben sich Kämpfe gerichtet, welche in den 1960er und 1970er Jahren ihren Höhepunkt erreichten. Wenn Negri in den 1970er Jahren den Anbruch des Zeitalters des gesellschaftlichen Arbeiters theoretisiert, weist er auf einen historischen Wendepunkt hin, der mit Gilles Deleuzes Paradigma der Kontrollgesellschaften, deren Entstehung er analysiert hat, in Beziehung gesetzt werden kann. In seinem kurzen *Postskriptum über die Kontrollgesellschaften* betont Deleuze, dass die Disziplinargesellschaften – seit *Überwachen und Strafen* ein Schlüsselbegriff der Foucault'schen Analysen – in den letzten Jahrzehnten des 20. Jahrhunderts den Kontrollgesellschaften wichen und sich so an diesem Übergang eine wesentliche Verschiebung ereignet: Während die Disziplinargesellschaft geschlossene Räume regiert, dehnt die Kontrollgesellschaft ihre Regierung auf offene Räume aus (Deleuze 1993b: 254 ff.).

Die Intuition von Deleuze, die in seiner kurzen Schrift zum Vorschein kommt, ermöglicht es, Bereiche zu beleuchten, die er selbst nicht direkt analysiert hat. Denn die Entstehung von Kontrollgesellschaften wirkt sich insbesondere auf die Organisation der Arbeit aus. Während die fordistische und tayloristische Organisation der Arbeit zur Einführung einer Kontrolle der Fabrik und des Arbeiter:innenlebens durch Disziplinarmechanismen geführt hat (Foucault 1976: 283ff.), dehnt die postfordistische Gesellschaft ab den 1980er Jahren ihre Kontrolle auf den gesamten sozialen Raum aus, und zwar durch modulare Mechanismen, die den Arbeiter:innen – anders als in der Disziplinargesellschaft – eine gewisse Freiheit bei der Gestaltung ihrer Zeit geben.[70] Diese Ausweitung der Kontrolle auf den gesamten sozialen Raum geht mit der Expansion des Produktionsprozesses selbst Hand in Hand, der sich nun auf die gesamte Gesellschaft erstreckt. So kann die Kontrolle der Individuen in einer Weise ausgeübt werden, die sich nicht direkt und körperlich auf die Individuen beziehen müsste und damit Zwang oder Gewalt sichtbar machen würde. Es hat den Anschein, als könnten die Arbeiter:innen im Postfordismus ihre Zeit frei einteilen; dabei wird der Raum, in dem sich ihre Handlungen abspielen, mithilfe von flexiblen und modulativen Mechanismen so gestaltet und begrenzt, dass in Wirklichkeit eine engmaschige Kontrolle, die bis ins kleinste Detail wirken kann, installiert wird. Das Leben der Einzelnen wird somit von flexibel operierenden Machtmechanismen, die bisweilen schwierig zu greifen sind, gesteuert, reguliert und in Bahnen gelenkt.[71]

Das Ideal, gemäß dem jeder Einzelne sein eigenes Unternehmen gründen sollte, setzt sich allmählich durch. Unternehmer seiner selbst zu sein wird zum vorherrschenden Leitbild, zum Ausgangspunkt des Neoliberalismus. Diese Parole stellt das traditionelle Verhältnis zwischen Kapital und Arbeit auf den Kopf. Der Neoliberalismus entwickelt und fördert ganz allgemein die *Autonomie* und die *Verantwortung* der Einzelnen. So entsteht die Theorie des »Humankapitals« (Nicoli/Paltrinieri 2017: 6ff.):[72] Jede:r soll sich selbst wie ein Unternehmen führen, d.h. rational. Jede:r muss lernen, sich selbst zu kennen und zu kontrollieren, sowohl in der Arbeitssphäre als auch im Privatleben. Es soll gelernt werden, das Verhalten und die Emotionen zu kontrollieren, während gleichzeitig die eigenen Fähigkeiten fruchtbar und profitabel zu machen sind (Nicoli/Paltrinieri 2017: 5).

In Anlehnung an Negris Analysen wurde im ersten Kapitel die These aufgestellt, dass der Postfordismus und die neoliberale Gouvernementalität als Reaktion auf die in den 1970er Jahren entstandenen sozialen Bewegungen und die damit verbundenen und entsprechenden neuen Lebensformen aufgetaucht sind. Postfordismus und Neoliberalismus bezeichnen das neue Dispositiv, das unser Leben reguliert und regiert. Diese Regierungsstrategien lenken die antagonistische Aufladung der sozialen Bewegungen ab und neutralisieren sie. Die Kritik an der Lohnarbeit, der Kampf gegen die gefängnisartigen Fabriken und für mehr Flexibilität werden zu wichtigen Mosaiksteinen der kapitalistischen Umstrukturierung der Gesellschaft und ihrer Ausbeutungsformen. Während auf der Seite der Arbeiter:innen die Forderung nach Flexibilität mit der Ablehnung der hierarchischen und unterwerfenden Fabrikdisziplin sowie mit der Möglichkeit, neue Freiräume zu erobern, einherging, bedeutet Flexibilität auf der Seite der neuen vom Kapital geschaffenen Verhältnisse die Errichtung eines Prekarisierungsregimes, das nicht aufhört, die Lebensbedingungen der Menschen anzugreifen (Castel 2003; Lorey 2011; Butler 2004). Die postfordistische Gesellschaft reagiert auf die Kämpfe der 1960er und 1970er Jahre, indem sie sie neuen Formen der Ausbeutung unterwirft.[73]

4.2 Revolten im Anbruch des 21. Jahrhunderts

Genau in diesem neuen Dispositiv, das seit den 1970er Jahren zu der erfolgreichen Restrukturierung der gesellschaftlichen Verhältnisse auf den Neoliberalismus hin führt, brechen neuartige Revolten aus.

In seinem Pariser Exil, also während und nach der Niederlage der autonomen Bewegungen der 1970er Jahre, setzte Negri seine theoretische Arbeit fort. In seinem Buch *Politics of Subversion* erstellt er eine genaue Analyse der zweiwöchigen Kämpfe, die 1986 Paris und Frankreich erschütterten, um gegen eine geplante Reform der Universität und des Sekundarschulwesens zu protestieren. In dieser Student:innenrevolte, die sich vor allem in Paris ereignete, sieht Negri unterschwellig die Entstehung eines neuen politischen Subjekts, das er als *intellektuell* bezeichnet: »it is an *intellectual* subject but also a *productive* one. This means that the productive side of work is now apparent principally on the intellectual level. The intellectual power of this subject is inextricably and emotionally linked to the principal characteristics (exclusion, selection, hierarchy) of the labour market: as a result of this, even though in its essence it is intellectual, the subject is proletarianized from the very beginning. That is to look at it from the negative point of view. What is positive, [...] is the fact that intellectual work has become eminently productive. As a consequence, the new subject is *central in society*: in 1968, students sought the factory as a point of identification; today the workers look to the students as the only possible and continuous detonator of social action ...« (Negri 1989: 47 f.)

In den Straßen von Paris sind es die Student:innen, die rebellieren, es sind also Menschen, deren Tätigkeit eine grundlegend intellektuelle Dimension hat. Diese Beobachtung geht jedoch weit über eine einfache soziologische Bestimmung hinaus. Sie verdeutlicht die Besonderheit der postfordistischen kapitalistischen Produktionsweise. Der Kapitalismus ist *kognitiv* geworden, d. h., die Wertproduktion hängt zunehmend von der Ausbeutung der kognitiven Fähigkeiten der Arbeitnehmer:innen ab.[74] Die Produktion von Wissen und der wissenschaftliche und technologische Fortschritt werden entscheidend, ebenso wie soziale Verhältnisse, also Kooperation, Informationsaustausch und Interaktionen. Während der Industriekapitalismus die Arbeiter:innen enteignete, von ihren Produktionsmitteln trennte und sie in ein Industrieproletariat verwandelte, enteignet der kognitive Kapitalismus die Arbeiter:innen ihrer intellektuellen Fähigkeiten, ihres Gehirns: Er macht sie zu einem *kognitiven Proletariat* (Ciccarelli 2021).

Die Seiten, die Negri der Student:innenbewegung von 1986 widmet, greifen die Thesen auf, die er in den 1970er Jahren entwickelt hat. Sie beschreiben die Entstehung eines neuen politischen Subjekts und einer neuen Arbeitskraft, die mit dem Begriff des *gesellschaftlichen Arbeiters* charakterisiert werden, der bereits im ersten Kapitel dieses Buches ausgearbeitet wurde. Als vielgestaltige Figur ist der gesellschaftliche Arbeiter das neue produktive Subjekt.

In den Jahren nach 1986 mehren sich die Anzeichen für den Anbruch eines postfordistischen Zeitalters. Die Bewegung La Pantera, die 1990 in Italien ausbrach, könnte als Fortsetzung der Revolte von 1986 in Frankreich interpretiert werden. Nicht dass es direkte Verbindungen zwischen den beiden Bewegungen gegeben hätte, aber sie teilen ähnliche Bedingungen, die zu ihrer Entstehung führten. Wie die Bewegung von 1986 in Frankreich ist auch die Pantera eine Student:innenbewegung, die sich gegen eine Universitätsreform wehrt. Diese Reform sah vor allem eine private Finanzierung der Universitäten und den Einstieg von Unternehmen in deren Verwaltung vor. La Pantera war zwar auf die Universität beschränkt. Aber ihr Auftauchen reicht aus, um das Vermögen des neuen sozialen Dispositivs ins Licht zu rücken: die zentrale Stellung der sozialen Kooperation und der kognitiven Arbeit sowie die freie Zirkulation von Wissen und der Autonomie des Wissens gegen die Marktlogik der neoliberalen Gesellschaft. Wie die Bewegung von 1986 in Frankreich, zeigt sie die neue Zentralität der kognitiven Arbeit und die Entstehung einer Massenintellektualität.[75] Diese Annahmen und Konzepte werden im Mittelpunkt der Überlegungen einer neuen Generation stehen, die sich zum Operaismus bekennt. Während der 1990er Jahre wird die Arbeit rund um mehrere wichtige, von Negri gegründete und geleitete Zeitschriften – von der in Frankreich erscheinenden *Futur antérieur* bis zu *Posse*, die einige Jahre später in Italien veröffentlicht wurde – ein wichtiger Teil dieser Geschichte sein.

Im November 1995 bricht in Frankreich eine Massenprotestbewegung aus. Drei Wochen lang ist das Land gelähmt. Auslöser der Bewegung war die Präsentation eines umfassenden Reformvorhabens für das Renten- und Sozialversicherungssystem durch Premierminister Alain Juppé in der Nationalversammlung, das als Lösung für deren chronisches Defizit angekündigt wurde. Hinzu kam die Ankündigung der SNCF (der staatlichen französischen Eisenbahngesellschaft), unrentable Strecken und Bahnhöfe zu schließen. Die Wut der Eisenbahner:innen trifft auf die des öffentlichen Dienstes. Negri kommentiert die Kämpfe im *Futur antérieur*: »Nehmen wir die Analyse des Kampfes vom Dezember wieder auf. Nichts Altes ist darin präsent. Das Subjekt, das in den Dienststellen und auf den Straßen kämpft, repräsentiert nicht mehr einfach eine Arbeiterklasse: Die Arbeitswesten von Putilow, Detroit oder Mirafiori gehören der Vergangenheit an. Stattdessen handelt es sich um eine proletarisierte Mittelschicht, eine Arbeiterklasse mit weißem Kragen, eine hochgebildete Masse. Alle lesen Zola, keiner lebt ihn. Ein Zugführer hat 20 Jahre Schulbildung hinter sich, ein Telekom-Techniker 23.« (Negri 1995; Übersetzung d. A.)

Wie im Fall der Kämpfe von 1986 und 1990 entwickeln sich diese Proteste auf dem Gebiet der sozialen Kooperation der Arbeit. Sie finden im öffentlichen Dienst, im Verkehrswesen, in der

Telekommunikation, in der Schule und Universität statt, in Bereichen, in denen Wissen und Kommunikation im Mittelpunkt stehen und die Dimensionen der Relation und der Kooperation von wesentlicher Bedeutung sind.[76] In dieser Hinsicht überschneiden sie sich mit der Student:innenbewegung von 1986 und setzen ihr treibendes Moment fort. Negri weist darauf hin, dass der Kampf von 1995 im Vergleich zu früheren Kämpfen neue Formen angenommen hat: Er organisiert sich durch Basisversammlungen, in denen über seine Ziele, seine Dauer und seine Formen entschieden wird. Die Frage, die sich Negri stellt, ist, ob der neue soziale Körper, der sich über diese Kämpfe auf machtvolle Weise offenbart hat, ein neues Proletariat ist und ob dieses von nun an in der Lage ist, sich als eine konstituierte Klasse zu denken und zu kämpfen. Sollte man es als Produkt der kapitalistischen Entwicklung sehen? Eine post-industrielle Figur? Auf all diese Fragen versuchte Negri im weiteren Verlauf seiner Arbeit eine Antwort zu finden.

4.3 Vom integrierten Weltkapitalismus zu *Empire*

Diese Fragen nach einem neuen Proletariat und einer neuen kollektiven Subjektivität gehen auf die *Winterjahre* zurück, als Guattari und Negri sich bemüht hatten, die neue Form der kapitalistischen Herrschaft zu hinterfragen. Die kapitalistische Umstrukturierung und die damit einhergehende Entstehung der neoliberalen Gesellschaft schaffen eine neue soziale Ordnung und neue Formen der Herrschaft. 1985 führten Guattari und Negri den Ausdruck *Integrierter Weltkapitalismus* in die politisch-philosophische Diskussion ein: »[Der integrierte Weltkapitalismus] nimmt die Einheit des Weltmarktes auf und steigert sie noch, indem er sie in gleichsam staatlicher Weise Instrumenten der produktiven Planung, der monetären Kontrolle und der politischen Einflussnahme unterwirft.« (Guattari/Negri 2015: 67)

Der integrierte Weltkapitalismus ist das Ergebnis einer Umstrukturierung der Macht, einer transnationalen Integration, die über den Aufbau internationaler Wirtschaftsbeziehungen erfolgt. Er erzeugt zusätzliche staatliche Funktionen und monetäre Kontrollen über ein internationales Netzwerk. Obwohl es sich nicht um einen neuen Leviathan oder eine eindimensionale Makrostruktur nach dem Vorbild Marcuses handelt, unterwirft diese neue Befehlsfigur die Politik der Nationalstaaten neuen Imperativen, die von der Einheit des Weltmarkts diktiert werden. Die Ausweitung des integrierten Weltkapitalismus erfolgt durch äußerst flexible Mechanismen. Sie beruht auf der Veränderung der Produktionsmethoden, die auf dem technologischen und wissenschaftlichen Fortschritt aufbaute und zur Computerisierung der gesamten Gesellschaft führte. Guattari und Negri zeigen, bis zu welchem Grad die Produktion des Reichtums in der Gesellschaft auf integrierten und kooperativen Produktionsweisen basiert. Die Entwicklung dieser neuen Produktions- und Machtverhältnisse führt zur Intensivierung der Kontrolle über jeden einzelnen Aspekt der Lebenszeit: »Im integrierten Weltkapitalismus sind wir alle unterworfen, da wir die Macht nicht mehr verorten können.« (Ebd.: 74)

Auch wenn der integrierte Weltkapitalismus als Vorbote der Globalisierung und der neuen Weltordnung erscheint, sollte man nicht der Versuchung nachgeben, ihn als Vorläufer des Empire-Konzepts zu betrachten. Der Begriff des Empire entstand aus Diskussionen, die fast ein Jahrzehnt später in der Zeitschrift *Futur antérieur* stattfanden (und an denen Jean-Marie Vincent, Denis Berger, Maurizio Lazzarato und Michael Hardt beteiligt waren). Negri erklärt den Unterschied so: »Wenn Félix von einem auf Weltniveau integrierten Kapital sprach, ging es ihm sozusagen um internationalisiertes Kapital. Da war er immer noch der klassischen marxistischen Tradition verpflichtet. Der Begriff des Empire hingegen [...] ist ein Begriff der konsolidierten Macht, einer real gewordenen Abstraktion. Der Begriff des Empire war zehn Jahre zuvor noch nicht Teil der Diskussion mit Félix.« (Ebd.: 24 f.)

Vom Konzept des IWK (integrierter Weltkapitalismus) zum Konzept des Empire überzugehen bedeutet, die Dynamiken zu untersuchen, die der Globalisierung zugrunde liegen. Das *Empire*-Buch, das 1997 abgeschlossen wurde, entstand aus diesem theoretischen Anspruch und konkretisierte sich in der Zusammenarbeit mit Michael Hardt. Doch welche Fragen versucht dieses Buch zu beantworten?[77]

Hardt und Negri schreiben in ihrem Vorwort: »Das Empire materialisiert sich unmittelbar vor unseren Augen. Über mehrere Jahrzehnte hinweg, in deren Verlauf Kolonialregimes gestürzt wurden, und schließlich unvermittelt, als die sowjetischen Grenzen des kapitalistischen Weltmarkts endgültig zusammenbrachen, waren wir Zeugen einer unaufhaltsamen und unumkehrbaren Globalisierung des ökonomischen und kulturellen Austauschs. Mit dem globalen Markt und mit globalen Produktionsabläufen entstand eine globale Ordnung, eine neue Logik und Struktur der Herrschaft – kurz, eine neue Form der Souveränität. Das Empire ist das politische Subjekt, das diesen globalen Austausch tatsächlich reguliert, die souveräne Macht, welche die Welt regiert.« (Hardt/Negri 2002: 9)

Das Konzept des Empires muss daher vor allem von einem scheinbar verwandten Konzept unterschieden werden: dem des Imperialismus. Der Imperialismus beschreibt die Ausdehnung der Souveränität der europäischen Nationalstaaten über ihre Grenzen hinaus. Umgekehrt findet der Übergang zum Empire am Ende der modernen Souveränität statt. Die Bedeutung des Empire-Konzepts kann also nicht verstanden werden, ohne auf die zentrale Frage einzugehen, die über dem gesamten Buch schwebt: der des Abgesangs des Nationalstaats. Der Niedergang der Souveränität der Nationalstaaten und ihre zunehmende Unfähigkeit, den wirtschaftlichen und kulturellen Austausch zu regulieren, sind in der Tat die Hauptsymptome für das Aufkommen des Empire. »Im Gegensatz zum Imperialismus etabliert das Empire kein territoriales Zentrum der Macht, noch beruht es auf von vornherein festgelegten Grenzziehungen und Schranken. Es ist *dezentriert* und *deterritorialisierend*, ein Herrschaftsapparat, der Schritt für Schritt den globalen Raum in seiner Gesamtheit aufnimmt, ihn seinem offenen und sich weitenden Horizont einverleibt.« (Ebd.: 11)

Würde diese Diagnose bedeuten, dass die Nationalstaaten einfach verschwinden? Eigentlich zeigen Hardt und Negri, dass dies nicht der Fall ist. Doch die Nationalstaaten verlieren ihre Fähigkeit, Wirtschaftsströme zu regulieren und zu steuern. Selbst die dominantesten Nationalstaaten können nicht mehr als souveräne Autoritäten betrachtet werden, weder außerhalb noch innerhalb ihrer Grenzen. Auch wenn sie eine privilegierte Stellung einnehmen, bilden »die Vereinigten Staaten [...] nicht das Zentrum eines imperialistischen Projekts, und tatsächlich ist dazu heute kein Nationalstaat in der Lage« (ebd.: 12).

Die Welt wird nun von einer unpersönlichen Struktur wirtschaftlicher und politischer Macht regiert, die mit keinem bestimmten Staat identifiziert werden kann.

So steht die These von Negri und Hardt im Gegensatz zu den wichtigsten Interpretationen der Globalisierung, wie Negri verdeutlicht. Sie widersprechen den *klassischen sozialdemokratischen Positionen*, gemäß denen die Globalisierung der Demokratie zuwiderläuft. Solche Positionen betonen, dass der Nationalstaat ein System der sozialen Sicherung aufgebaut habe, das die Realität der Demokratie garantierte, die nun »über den Niedergang der nationalen Souveränität geschwächt wird« (Negri 2003: 6). In anderen von Negri und Hardt kritisierten sozialdemokratischen Positionen wird betont, dass die »Globalisierung die Ausweitung des US-Imperialismus ist und aus einer kulturellen Perspektive die des Eurozentrismus« (ebd.: 7). Es handelt sich um eine These, die in unterschiedlichen Formen bei Autor:innen wie Fredric Jameson, Gayatri C. Spivak oder Dipesh Chakrabarty widerhallt, um nur einige zu nennen (vgl. Chakrabarty 2010; Spivak 1999; Jameson 2002).

In Anlehnung an eine optimistischere These, die einer liberalen und humanistischen Perspektive entstammt, ist die Globalisierung nicht nur mit der Demokratie vereinbar, sondern sie ist sogar das, was die weltweite Verbreitung der Menschenrechte erst zu ermöglichen vermag. Die kulturelle Durchmischung fördert Harmonie und Verständnis; letztendlich kann das globale Dorf von einem transnationalen Staat organisiert werden. Dies ist die *Position des liberalen Kosmopolitismus*, die insbesondere in den Analysen des deutschen Soziologen Ulrich Beck widerhallt.

Zu diesen linken Positionen spiegeln sich als Gegengewicht rechte Positionen. Die Globalisierung sei ein Phänomen, das sich nicht nur auf die Marktökonomie beschränkt, weil sie den Weg hin zu einer globalisierten Demokratie bahnt. Hier wird die Position des liberalen Kosmopolitismus umgedreht, weil der Triumph der globalen Demokratie durch den *American Way of Life* erfolgt, welcher auch zur Erfüllung der Geschichte führt, gemäß der fabelhaften und fantasievollen Erzählung von Francis Fukuyama. Ebenfalls sind Rechtspositionen auch von pessimistischen Perspektiven geprägt, nämlich die *Position des traditionalistischen Konservatismus*, in der sich eine ganze Reihe von Ängsten und Befürchtungen verdichten: Der Verlust der Kontrolle über den Nationalstaat werde zu Anarchie und globaler Instabilität führen. Darüber hinaus werde die Verbreitung des *American Way of Life* die nationalen Identitäten unterminieren und die Instabilität weiter nähren. Letztendlich werde die durch die Globalisierung verursachte Vermischung der Kulturen zum Verfall der amerikanischen Werte führen. Manche sprechen sogar vom *Kampf der Kulturen*, wie z. B. Samuel Huntington.

Hardt und Negri unterscheiden sich in ihrem Buch von rechten und konservativen Positionen radikal. Sie reaktivieren eine ganze Reihe von Thesen, die seit Jahrzehnten im Zentrum von Negris Werk stehen, und erneuern sie durch den Rückgriff auf die Theoretisierungen u. a. von Michel Foucault, Gilles Deleuze und Félix Guattari.

Foucaults Beitrag erscheint ihnen entscheidend, da seine Konzepte der Sicherheit, der Kontrollgesellschaft und der Biomacht/Biopolitik besonders geeignet sind, die neuen Machtverhältnisse zu beschreiben, die das Empire durchziehen. Sie machen deutlich, dass die kapitalistische Herrschaft nicht nur die wirtschaftliche und kulturelle Sphäre erfasst, sondern das Leben in all seinen Dimensionen (Hardt/Negri 2002: 37 ff.; Guattari 2014: 129 ff.). Jedoch behaupten Negri und Hardt: »Allerdings scheint es Foucault [...] nicht gelungen zu sein, sein Denken von der strukturalistischen Epistemologie zu lösen [...] An diesem Punkt wäre der Versuch, bei Foucault eine Antwort auf die Frage nach der Dynamik des Systems oder vielmehr nach dem Bios zu finden, zum Scheitern verurteilt. Die wirklichen Antriebskräfte der Produktion in der biopolitischen Gesellschaft bekommt er nicht in den Griff.« (Hardt/Negri 2002: 42 f.)

Während Foucault die Antriebskräfte der Produktion nicht berücksichtigt, ist die Analyse von Deleuze und Guattari anschlussfähiger, denn sie nehmen die in den biopolitischen Prozessen involvierte Subjektivität in den Blick. Deleuze und Guattari schlagen ein neues Konzept des Menschlichen vor, das sich von der traditionellen Opposition zwischen Menschen und Maschinen emanzipiert. Indem sie die Verflechtung von Technologien, Produktionsweisen und Lebensformen beschreiben, machen ihre Werke deutlich, dass die Frage nach der Technologie nicht auf die sterile Opposition zwischen Akzeptanz oder Ablehnung der Technologie reduziert werden kann. Im *Anti-Ödipus* lehnen Deleuze und Guattari es ab, Menschen und Maschinen einander gegenüberzustellen, und versuchen stattdessen, sie in Beziehung zueinander zu setzen, um zu erfassen, inwiefern die Menschen ein Bestandteil der Maschine sind (ebd.: 42ff.).[78] Auf der Grundlage dieser theoretischen Ausarbeitungen betonen Hardt und Negri, dass der von ihnen benutzte Begriff der Multitude nicht auf eine ausschließlich menschliche Realität verweist, sondern vielmehr auf eine zusammengesetzte Realität, eine Assemblage. Aus diesem Grund macht es Sinn, von der Multitude als Maschine zu sprechen. Daraus entspringt auch das Interesse von Negri und Hardt am Werk von Gilbert Simondon: »Wie Spinoza auch sieht Simondon Menschen und Maschinen auf derselben ontologischen Ebene angesiedelt, wenn er feststellt: ›Was den Maschinen innewohnt, ist menschliche Wirklichkeit, menschliche Geste, die in funktionierenden Strukturen fixiert und kristallisiert ist.‹ Gegen jene, die die menschliche Kultur als eine Art Bollwerk feiern, eine Verteidigungslinie gegen den Vormarsch der vermeintlich menschenverachtenden Technik, fordert Simondon eine technische Kultur, die auf der ontologischen Ebene die vollkommen menschliche Natur der Maschinen anerkennt.« (Hardt/Negri 2018: 150f.)

In den Augen von Hardt und Negri gelingt es den Analysen von Deleuze und Guattari jedoch nicht, die schöpferischen Elemente der gesellschaftlichen Produktion zu erfassen. Die Autoren von *Tausend Plateaus* »entdecken die Produktivität der gesellschaftlichen Reproduktion (die schöpferische Produktion, die Produktion von Werten, von sozialen Beziehungen, Affekten, Haltungen), doch sie artikulieren sie nur oberflächlich und ephemer, als chaotischen, unbestimmten Horizont, den das unfassbare Ereignis beschreibt.« (Hardt/Negri 2002: 43) Sollte man in dieser Kritik eine der Quellen des Unbehagens sehen, das Negri in seinem Interview mit Gilles Deleuze zum Ausdruck bringt? »Mir scheint, dass *Tausend Plateaus*, das ich als ein großes philosophisches Werk betrachte, auch ein Katalog ungelöster Fragen ist, vor allem im Bereich der politischen Philosophie. [...] Aber manchmal glaube ich, eine tragische Note zu hören, da, wo man nicht weiß, wohin die ›Kriegsmaschine‹ führt.« (Deleuze 1993b: 345 f.)

4.4 Das Gemeinsame als Produktionsweise

Das Empire ist ein großer Vereinnahmungsapparat: Es fängt Informationsflüsse, Codes und Daten ein (Hardt/Negri 2013: 16 ff.). Es fesselt die Menschen an den Produktionsapparat, um Profit aus den kleinsten Details des Lebens herauszuholen (Hardt/Negri 2018: 161 f.; Chamayou 2010). Aber im Empire wachsen auch eine neue Subjektivität und eine neue Produktionsweise. Diese Probleme untersuchen Negri und Hardt insbesondere in *Common Wealth*, wo sie die Frage nach dem Gemeinsamen stellen. Die Frage betrifft nicht nur die neuen kapitalistischen Produktionsweisen, sondern auch die Autonomie des produktiven Subjekts und seine Fähigkeit zum Widerstand. Negri fragt sich: »*Wer produziert?*« (Negri 2011a: 43) Damit ist gemeint: Wer produziert heute unter den aktuellen historischen Bedingungen? Seine Antwort lautet wie folgt: »In der Gegenwart muss die Antwort auf diese Frage lauten: die Maschine der Multitude. Die Produktion ist sozial. Die hegemoniale Form der produktiven Arbeit ist die kognitive Arbeit.« (Ebd.) Unter hegemonialer Form der produktiven Arbeit soll die herrschende Arbeitsform verstanden werden, d.h. diejenige, die alle anderen Formen subsumiert. Mit anderen Worten, man kann sich die Funktionsweise der gegenwärtigen Produktionsverhältnisse nicht vorstellen, ohne den Entwicklungsstand der wissenschaftlichen, technologischen, mentalen, kognitiven usw. Kenntnisse zu berücksichtigen. Die Gesamtheit der Kenntnisse und des Wissens ist die Grundlage, auf der die gegenwärtige Produktionsform beruht. In diesem Sinne ist die kognitive Arbeit hegemonial geworden, nicht weil sie die nicht-kognitiven Formen der Arbeit zum Verschwinden bringt, sondern weil letztere um die kognitive Arbeit herum angeordnet sind. Aber was genau ist unter der *Produktion des Gemeinsamen* zu verstehen? Um diese Frage zu beantworten, müssen einige der wichtigsten Herausforderungen von *Common Wealth* betrachtet werden.

Common Wealth bildet eine Kontinuität mit den Analysen zum Thema der biopolitischen Produktion aus *Empire* und *Multitude* (Hardt/Negri 2002: 37 ff., 266 ff., 372 ff.; Hardt/Negri 2004: 34 ff.; Hardt/Negri 2010: 70 ff., 132 ff., 291 ff.).[79] Diese Frage nach der biopolitischen Produktion greift zunächst auf den Begriff der Biopolitik bei Foucault zurück.[80] Michel Foucault war der Erste, der diesen Begriff Mitte der 1970er Jahre vorbrachte. Er bezeichnet damit eine neue Form der Macht, die ihm zufolge in der zweiten Hälfte des 18. Jahrhunderts entstand und die darin besteht, das Leben der Menschen zu regulieren, den Menschen also als Lebewesen zum Gegenstand zu machen. Die Analyse dieser neuen Machttechnologien steht mit der von Foucault in *Überwachen und Strafen* dargelegten Forschung zur Disziplinarmacht in Kontinuität. Aber während sich die Disziplinen auf den Körper des einzelnen Individuums beziehen, haben die biopolitischen Machttechnologien die Bevölkerung zum Gegenstand, das heißt einen kollektiven Körper. Damit zielen sie auf die Kontrolle kollektiver (und statistischer) Phänomene wie die Geburtenrate, die Sterblichkeit oder den Gesundheitszustand.

Foucault schreibt: »Die ›biologische Modernitätsschwelle‹ einer Gesellschaft liegt dort, wo es in ihren politischen Strategien um die Existenz der Gattung selber geht. Jahrtausende hindurch ist der Mensch das geblieben, was er für Aristoteles war: ein lebendes Tier, das auch einer politischen Existenz fähig ist. Der moderne Mensch ist ein Tier, in dessen Politik sein Leben als Lebewesen auf dem Spiel steht.« (Foucault 1987: 170 f.)[81]

Während der Schwerpunkt bei Foucault darin liegt zu zeigen, wie das Leben unter die Kontrolle der Macht kommt und so reguliert wird, insistieren Negri und Hardt darauf, dass das Leben der Grundpfeiler der gegenwärtigen Produktionsweise ist. Mit dem Konzept der *biopolitischen Produktion* wollen sie darauf hinweisen, dass das Leben in all seinen affektiven, kognitiven und körperlichen Erscheinungsformen das ist, was die Produktion von Wert und Reichtum ermöglicht. Um diesen Reichtum jedoch für das Kapital in Wert zu verwandeln, muss er von Vereinnahmungsapparaten kanalisiert und beherrscht werden. Deshalb ist eine doppelte Bewegung zu beobachten: Einerseits stimuliert, produziert und erweitert der Kapitalismus unaufhörlich die Produktivität des Lebens, andererseits muss er es ständig unterjochen, ordnen und beherrschen, um den größtmöglichen Profit aus ihm herauszuholen.

Aber in dem Moment, in dem das gesamte Leben dem Imperativ der Arbeit untergeordnet wird, entsteht auch eine besondere Produktionsweise, die die Form einer Produktion des *Gemeinsamen* annimmt. Was verbirgt sich hinter diesem Begriff? Der Begriff des Gemeinsamen wird eingeführt, um zunächst einmal die Dichotomie zwischen dem Privaten und dem Öffentlich-Staatlichen, die aus dem modernen Denken stammt, überwinden zu können. Wie Negri erläutert, definierte Locke im 18. Jahrhundert den Bereich des Privaten und des Öffentlichen auf der Basis des Arbeitsbegriffs: »Bei Locke wird das Private als singuläre Aneignung der durch das Individuum geleisteten Arbeit definiert. Das Private ist das ›Eigene‹, das sich über seine rechtliche Form festigt, es ist das Privateigentum.« (Negri 2011a: 48) Aber privat und öffentlich sind nur zwei Arten, sich das Gemeinsame anzueignen. Der Sozialismus und die staatliche/kollektive Verwaltung des Reichtums sind lediglich Formen der Aneignung, die sich von der privaten Aneignung unterscheiden, aber sie stellen die Form des Eigentums selbst nicht infrage. Der Begriff des Gemeinsamen widerspricht also sowohl dem Privateigentum wie auch der Verwaltung durch die öffentliche Hand des Staates. »Gegen das Private (und dessen Unterordnung des Öffentlichen) wird nun der Begriff des Gemeinsamen in Stellung gebracht, und zwar als Dispositiv einer radikaldemokratischen Verwaltung von all dem, was das Geflecht der sozialen Aktivität konstituiert, das heißt die wechselseitige Bezogenheit der Individuen, die Kooperation der Singularitäten und die Freiheiten der Produzentinnen. Das Gemeinsame ist die Verneinung des ›Eigenen‹ über die Anerkennung des Umstands, dass nur die Kooperation der Singularitäten das Soziale konstituiert und dass nur die gemeinsame Verwaltung des Sozialen dessen ständige Erneuerung garantiert.« (Ebd.: 49)

In *Common Wealth* präzisieren Negri und Hardt, dass sie mit ihrer These keine Dreiecksbeziehung zwischen dem Privaten, dem Öffentlichen und dem Gemeinsamen etablieren und so tun wollen, als ob diese drei Elemente ein geschlossenes System bilden würden, in dessen Mitte das Gemeinsame steht. Denn in Wirklichkeit existiert das Gemeinsame auf einer radikal anderen Ebene. »Die scheinbar exklusive Alternative zwischen dem Privaten und dem Öffentlich-Staatlichen findet eine Entsprechung in der gleichermaßen irreführenden politischen Alternative zwischen Kapitalismus und Sozialismus. Häufig ist zu hören, die einzigen Heilmittel gegen die Krankheiten der kapitalistischen Gesellschaften seien eine Verwaltung durch die öffentliche Hand sowie eine keynesianische und/oder sozialistische Lenkung der Wirtschaft; und umgekehrt gilt es als ausgemacht, dass die Leiden des Sozialismus nur durch Privateigentum und kapitalistische Kontrolle zu behandeln seien. Sozialismus und Kapitalismus nun bildeten historisch bisweilen Mischformen und trugen zu anderen Zeiten erbitterte Konflikte aus, doch sind beide Eigentumsregime, die das Gemeinsame ausschließen. Das politische Projekt der Instituierung des Gemeinsamen, das wir in diesem Buch entwickeln werden, stellt sich quer zu diesen falschen Alternativen – dem Projekt geht es weder um privat noch um öffentlich, weder um kapitalistisch noch um sozialistisch, sondern darum, dem politischen Handeln einen neuen Raum zu eröffnen.« (Hardt/Negri 2010: 11)

Um Hardts und Negris Vorschlag richtig begreifen zu können, sollte man beachten, dass die beiden Autoren *das Gemeinsame* als Substantiv benutzen: Das Gemeinsame ist eine Produktionsweise. Im Zeitalter des Neoliberalismus wird das Gemeinsame als etwas angesehen, das entweder auf privatem oder öffentlichem Wege angeeignet werden kann. Das Gemeinsame steht dem Kapital zur Verfügung. Es wird als etwas betrachtet, das in jedem Moment ausgebeutet werden kann, wie im Fall der Gemeingüter, die privatisiert, angeeignet oder zu öffentlichen Gütern werden. Gemeingüter und öffentliche Güter werden in Waren umgewandelt und stehen für die Aneignung und Ausbeutung durch das Kapital zur Verfügung. Wenn die Frage nach dem Gemeinsamen auf die Suche nach einer dritten

Form des Eigentums reduziert wird, nämlich auf die Suche nach einer gemeinschaftlichen Aneignung des Eigentums, dann befindet man sich immer noch in einem Konzept des Eigentumsrechts gefangen.

Der Vorschlag von Hardt und Negri unterscheidet sich davon radikal, weil er nicht auf eine dritte Art von Eigentum hinweist, sondern auf die Idee des Gemeinsamen als Produktionsweise. Damit unterscheidet sich der Begriff von der Idee des Universellen oder der Allgemeinheit. Das Gemeinsame ist kein universelles und abstraktes Konzept, das auf eine Allgemeinheit der Menschen hinweist, die ihr *Menschsein* ausmacht.[82] Der Begriff umfasst im Gegenteil alle Ergebnisse der gesellschaftlichen Produktion, die für die soziale Interaktion und die Reproduktion von Leben notwendig sind: Wissensformen, Sprachen, Codes, Informationen, Affekte usw. Das Gemeinsame bezieht sich auf die Praktiken der Interaktion, der Fürsorge und des Zusammenlebens. Von diesem Standpunkt aus ist es ungenügend, das Gemeinsame mit als Gemeingut zu bezeichnen. *Gemeingüter* sind der gemeinsame, materielle Reichtum, der sich in der uns umgebenden Welt befindet, welcher der gesamten Menschheit gehört, seien dies Luft, Wasser oder die Früchte der Erde und die Schätze der Natur. Aber das Gemeinsame im Sinne von Negri und Hardt beschränkt sich nicht auf das Vorhandene oder auf das schon Gegebene. Es bezieht sich auf die Ergebnisse der Produktion; es ist, was ständig durch die soziale Interaktion produziert wird. Daher lautet die zentrale Frage in Bezug auf das Gemeinsame als Produktionsweise, *wie man das Gemeinsame einrichtet*: Wie sorgt man dafür, dass es, sobald es durch Arbeit und soziale Interaktion produziert wird, nicht Gegenstand der Aneignung des Kapitals wird? Um diese Fragen zu beantworten, wendet sich Negri nochmals der Subjektivität und den sie betreffenden revolutionären Kämpfen zu.

4.5 Ein neuer Zyklus von Kämpfen

Mehrere Faktoren haben zur Niederlage der Arbeiter:innenklasse im 20. Jahrhundert geführt. Die Geschichte der Technologie und die mit ihr verbundene Verbreitung der Automatisierung und Computerisierung in der Produktion haben eine Rolle gespielt, aber sie erklären nicht alles. Hardt und Negri weisen auch auf politische Instrumente hin, welche eine Rolle für die Unterdrückung von Aufständen gespielt haben. In diesem Zusammenhang sollte man auf die Heterogenität der historischen und geografischen Situationen achten. In einigen Fällen war die politische Repression ein direktes Instrument zur Niederschlagung der Arbeiter:innenklasse. Der Staatsstreich von 1973 in Chile ist ein Beispiel dafür. In anderen Fällen, zum Beispiel in Ländern mit geringem ökonomischen Einfluss im Weltwirtschaftssystem, wurde jeder Protest durch die Geldpolitik der Zentralbanken und die Verwaltung der Staatsschulden niedergeschlagen. Zwischen der mexikanischen Schuldenkrise 1982 und der griechischen Staatsschuldenkrise 2015 ließen sich noch viele weitere Beispiele anführen. So schreiben Negri und Hardt: »Margaret Thatcher und Ronald Reagan leiteten den neoliberalen Umbau in ihren Ländern ein, doch erst durch Tony Blair und Bill Clinton (sowie ein wenig später Gerhard Schröder) erfuhr er eine wirkliche Konsolidierung, als wohlfahrtsstaatliche Strukturen zerstört und Arbeitnehmerrechte abgebaut wurden, während die globale Finanzökonomie eine beherrschende Position erlangte. Blair, Clinton und Schröder erledigten für die Kapitalistenklasse die ›schmutzige Arbeit‹ und managten – unter dem Deckmantel eines reformistischen Zentrismus – den Triumph der neoliberalen Revolution [sic]. Jene ›schmutzige Arbeit‹ zu erledigen, bedeutete zugleich für die offizielle Linke den Tod. Ihr Leichnam lastet schwer auf allen sozialdemokratischen

Parteien und verhindert von Grund auf deren Bemühungen, die populären Klassen zu repräsentieren.« (Hardt/Negri 2018: 98 f.)

Auf diese Phase der kapitalistischen Konterrevolution reagierten die sozialen Bewegungen am Ende des letzten Jahrhunderts. Die Antiglobalisierungskämpfe von 1995 in Chiapas und 1999 in Seattle können als Reaktion auf die seit den 1970er Jahren vom Kapital eingeleitete Konterrevolution betrachtet werden. Diese Dialektik von Revolution und Konterrevolution fokussierend lässt sich dann beobachten, wie diese Antiglobalisierungskämpfe nach dem 11. September 2001 im Rahmen des »Kampfes gegen den Terrorismus« unter Kontrolle gebracht wurden. Später begann ein weiterer Zyklus von Kämpfen mit Zeltlagern und Besetzungen städtischer Räume: Man denke an dieser Stelle an die sozialen Bewegungen in Spanien, der Türkei, Brasilien, Israel, England, Quebec oder Hongkong. Die neueren Black-Lives-Matter-Proteste in den USA oder die feministische Bewegung Ni Una Menos können als Fortsetzung dieser Bewegungen betrachtet werden.

Dennoch stellt sich eine Frage in Bezug auf dieses Narrativ von Negri und Hardt: Inwiefern ist es legitim, alle diese in unterschiedlichen geografischen und historischen Kontexten entstandenen Kämpfe und Bewegungen in ein und dieselbe Reihe zu stellen?

Assembly ist der Versuch, auf eine solche Frage zu antworten. Das Buch dient dazu zu untersuchen, worin die Gemeinsamkeit so vieler verschiedener Kämpfe bestehen könnte. Darüber hinaus stellt es zwei weitere Fragen: Auf der einen Seite zeigen die Autoren, dass diese Bewegungen nicht spontan entstehen, sondern ein politisches Projekt benötigen, um sich organisieren zu können. Dieses Problem der Organisation ist umso wichtiger, weil es auf eine weitere Frage verweist, nämlich die Frage nach den Gründen des plötzlichen Verschwindens dieser Bewegungen. Wieso verlieren sie vermeintlich so schnell an Kraft und ziehen vorbei, wie ein festlicher Vormittag vorbeizieht? »Die Kämpfe schienen aufzublitzen und schnell zu verglühen, nur um an anderer Stelle neuerlich und mit größerer Heftigkeit aufzuflammen. Gleichwohl ist es in diesen Zyklen nicht gelungen, neue und funktionierende organisatorische Formen zu erfinden, die den heutigen Bedürfnissen angemessen wären. Die Aufgabe lautet daher, zu verstehen, warum eine solche Fülle von Kämpfen – über einen relativ langen Zeitraum und in zahlreichen verschiedenen nationalen und politischen Kontexten – immer noch derart große organisatorische Defizite aufweist.« (Ebd.: 99)

Diese Frage stellt sich auch in Bezug auf die Bewegung der Gelbwesten, die 2018 in Frankreich entstanden ist. Für Negri ist diese Bewegung widersprüchlich. Zwar handelt es sich wahrscheinlich um eine Bewegung verarmter *middle classes*. Doch man ist erneut mit der Herausforderung konfrontiert, wie eine Multitude, die sich in aufständischen Bewegungen manifestiert, einer Rechtsdrift entzogen werden und sich in eine Klasse verwandeln kann.

4.6 Das Vermögen der Multitude

Der Ansatz von Negri und sein Hinweis auf die Multitude bleiben jedoch nicht unbestritten. Im Hinblick auf die Frage nach der politischen Organisation richtet Ernesto Laclau Einwände gegen Negris und Hardts Hinweis auf den Begriff der Multitude. Er betont die Unmöglichkeit der Multitude, sich als politisches Subjekt zu konstituieren, ohne dass eine äußere Kraft diesen Konstituierungsprozess unterstützt (Laclau 2001). Negri beantwortet diese Kritik und wendet ein, dass Laclaus Stellungnahme ein philosophisches Unternehmen inszeniert, das Negri als transzendentale Synthese bezeichnet (Negri 2015b). Der klassische Marxismus, fährt Negri fort, hatte die Form des Klassenkampfs auf den von einem politischen Subjekt produzierten Antagonismus reduziert. Die Arbeiter:innenklasse war das Subjekt und der Hauptagent der Emanzipation. Die heutige Zeit zeichnet sich durch die Abwesenheit eines politischen Subjekts aus, das als universelle Klasse verstanden werden kann, wie es die Arbeiter:innenklasse einmal war. In der Gegenwart kann eine politische Neuzusammensetzung nicht gedacht werden, da das politische Subjekt fragmentiert und heterogen ist. Aber wenn Fragmentierung und Heterogenität für Negri die Voraussetzungen für die Dringlichkeit einer politischen Neuzusammensetzung sind, bilden sie für Laclau ein Hindernis für die Entstehung des politischen Subjekts. Laclau bezieht sich auf eine Theorie der Hegemonie und behauptet, dass Heterogenität und Pluralität der Produktion der Hegemonie im Wege stehen. Um es der Multitude zu ermöglichen, als politisches Subjekt aufzutreten, bedarf es einer hegemonialen Instanz, die den politischen Prozess steuert (Laclau 2022).

Diese Unmöglichkeit für die Multitude, sich als politisches Subjekt zu konstituieren, steht im Mittelpunkt unterschiedlicher theoretischer Analysen, die die ontologische Schwierigkeit dieser Konstitution stärker betonen (vgl. Macherey 2004; Negri 2005b).

Céline Spector behauptet, dass Negris Analyse aus der Dringlichkeit der Gegenwart schöpft. Seine Rückkehr zu Spinoza ist Teil eines Projekts zur postmodernen Neudefinition des Politischen. Spinoza sollte es ermöglichen, die marxistische Theorie neu aufzubauen. Aber genau darin besteht die Komplexität und Schwierigkeit, wenn nicht die Fragilität und Unmöglichkeit von Negris ganzem Projekt. Spector fragt sich, ob Spinoza als Denker der konstituierenden Macht der Multitude wirklich der Denker ihrer Selbstorganisation ohne Vermittlung oder Repräsentation ist. Spector zufolge verschweigt Negri das Problem der Vermittlung (Spector 2007: 38; Pallotta 2005). Dies sei indes ein Aspekt, der sehr wichtig ist, wie Spector schreibt: »Negri hat also Recht, wenn er der Multitude eine entscheidende Rolle zuschreibt; aber er hat Unrecht, wenn er behauptet, dass das spinozistische Denken der ›Konstitution‹ (Entwicklung des Vermögens der Multitude) keine Rolle der Dimension der Vermittlung einräumt.« (Spector 2007: 40) Mit anderen Worten: Es stellt sich die Frage, wie die Multitude als politisches Subjekt, sprich als Subjekt der Geschichte, entstehen kann. Das Thema ist auch bei Spinoza zentral, doch Negri, so Spector, übergeht es. Aber die Schwäche von Negris Analyse liegt insbesondere in der Vermischung von Spinozismus, Marxismus und »Foucauldo-Deleuzianismus«, die er anstellt und die eine »instabile Verbindung von Voluntarismus und Spontaneismus« (ebd.: 43) sei, welche keine politische Perspektive habe. Damit mahnt Spector eine von ihr als spontaneistisch bezeichnete Auffassung von politischer Organisation an. Nach Spector laufe sie Gefahr zu denken, dass die Konflikte zwischen Menschen zu einer baldigen Beendigung kommen könnten. Eine solche Konzeption würde jedoch die Idee einer natürlichen Unschuld der Menschen voraussetzen (ebd.: 44). Im Gegensatz zu einer solchen Konzeption der Multitude müsse vielmehr die Komplexität der politischen und antagonistischen Affekte des *peuple* (Volk) betont werden.

Jean-Luc Nancy behauptet, dass die Multitude kein richtiger alternativer Begriff zu jenem des *peuple* (Volk) ist. In diesem Zusammenhang stellt Nancy drei Einwände auf. Zum einen hebt er hervor, dass der Begriff Multitude alles in Singularitäten zerstreut. Wenn man sich auf Minoritäten beziehen möchte, das heißt auf Gemeinschaften, die eine wichtige Rolle in der

Antiglobalisierungsbewegung gespielt haben, so kann das nicht auf den Begriff Multitude rekurrieren, weil sich diese minoritären Gruppen, diese Gemeinschaften als *peuple* identifizieren und nicht als Singularitäten. Zweitens fragt sich Nancy, ob die Singularisierung eine Konsequenz der ungezügelten Ausbreitung des Kapitalismus sei. In dem Fall wäre sie das Ziel der Kämpfe der Antiglobalisierungsbewegung. Drittens betont er, dass die Zerstreuung in Singularitäten, die die Multitude kennzeichnet, eher an ein Umherirren statt an die Steigerung einer Kraft oder eines Vermögens denken lässt. Auf der Basis dieser Kritik stellt Nancy dem Begriff der Multitude jenen des Volkes entgegen, als Identität, die sich den Mächtigen entgegenstellt. Im Wort Volk widerhallt der Pöbel, der Ausgeschlossene, der Unterdrückte, der Mensch in der Revolte, der Proletarier – es handelt sich um Figuren, die im Begriff Multitude nicht mehr berücksichtigt werden. Nancy schreibt: »*Le peuple* beruht nicht auf einer a priori definierten Essenz, sondern ermöglicht es, dass eine bestimmte gemeinsame Aussage gemacht werden kann, dass ein ›wir‹ gesagt werden kann. [...] Ich möchte Toni Negri fragen: können die Multituden ›wir‹ sagen? Und wenn ja, um welches ›Wir‹ handelt es sich dabei?« (Nancy/Nielsberg 2003)

Auch Jacques Rancière neigt dazu, den Begriff des *peuple* zu bevorzugen. Er stellt die Frage jedoch aus einem anderen Blickwinkel. *Peuple* ist der Name eines Subjektivierungsakts, der einen Konflikt, eine Opposition zwischen Welten inszeniert: »Es ist klassisch zu sagen, dass *peuple* der alte molare Begriff ist, und dass man an seine Stelle die molekulare Energie der Multitude setzen muss. Für mich stellt *peuple* jedoch keine Art von Gruppe dar. *Peuple* ist keine Masse. Es ist rein der Name für einen Akt der Subjektivierung. [...] ›Wir sind das *peuple*‹ bedeutet nicht: ›Wir sind die Massen‹ [...] Es bedeutet vielmehr, dass eine Gruppe von Individuen eine Form der Symbolisierung auf sich nimmt, eine Beziehung zwischen uns und dann dem Volk herstellt, eine Beziehung zwischen zwei Subjekten, eine Beziehung zwischen einem Subjekt der Aussage und dann einem Subjekt, das ausgesagt wird. Für mich ist Politik nie eine Sache der Identität. Sie inszeniert immer einen Unterschied; [...] die Politik konstituiert sich in dem Unterschied zwischen den beiden.« (Rancière 2004)

Rancières Überlegungen weisen die Entstehung eines politischen Subjekts, das nicht bereits als soziale Gruppe existiert, sondern sich durch seine Handlungen selbst konstituiert. *Peuple* ist keine Bevölkerung, und Proletarier:innen sind keine Arbeiter:innen. Wie konstituiert sich also *le peuple?* Wie konstituiert sich das Proletariat? Diese eminent politischen Fragen stehen im Mittelpunkt der politischen Theorie Negris (vgl. Hardt/Negri 2010: Vorwort: S. 9 ff.).

Man könnte den Gegensatz *peuple*/Multitude so interpretieren, als ob er auf den Gegensatz molar/molekular hinweisen würde, den Gilles Deleuze und Félix Guattari in *Tausend Plateaus* analysieren (vgl. Deleuze/Guattari 1992: Kap. 9). Rancière bemerkt, dass Deleuze und Guattari aus dem Universum der konstituierten Entitäten, d. h. der konstituierten Subjekte, ausbrechen wollen und somit an eine Art Energie appellieren, die eine Kraft darstellt und deshalb nicht in der Form eines Subjekts wie des *peuple* erstarrt ist (Rancière 2002).

Wichtig ist jedoch zu betonen, dass das Denken der Multitude dem modernen Zeitalter der Politischen Philosophie angehört. Diese Einbettung des Konzepts der Multitude in die moderne Tradition der Politischen Philosophie ist in mancher Hinsicht auch sein Schwachpunkt.

Daniel Bensaïd zufolge ist der Begriff der Multitude, der auf die Zeit von Machiavelli und Spinoza zurückgeht (eine Zeit also, wo *la plèbe* vorindustriell und nicht in Klassen organisiert war), zugleich »theoretisch befangen, soziologisch ungenau, philosophisch unklar und strategisch leer« (Bensaïd o.J.). Nach ihm erscheint die konzeptionelle Schwäche des sogenannten *ontologischen* Begriffs der Multitude noch paradoxer, denn Negri und Hardt kehren zu Machiavelli und Spinoza zurück, das heißt zu einer Zeit der Philosophie vor Hegel und Marx, um den Übergang von der Moderne zur Postmoderne zu analysieren. Andererseits betont Bensaïd, dass der Begriff so erfolgreich und sinnvoll klingt, weil er es ermöglicht, eine Vielfalt von Phänomenen zu berücksichtigen: Er beschreibt die prekäre und informelle Arbeit, er weist auf zahlreiche soziale Bewegungen und politische Subjekte hin, ohne einen Gemeinwillen, ein Allgemeininteresse oder einen Hauptwiderspruch zu postulieren, denen die Differenzen untergeordnet werden müssen. Der Begriff der Multitude legt somit über eine Vielfalt von Bewegungen Rechenschaft ab: Feministische, Umwelt- und Schwulen- wie Lesbenbewegungen, aber auch Arbeitslose, landlose Bäuerinnen oder indigene Bewegungen usw. finden ihren Platz unter dem Dach dieses Begriffs (Bensaïd o.J. a). Man könnte die Multitude als neues Subjekt der Emanzipation verstehen. Nach Bensaïd bestehen die Stärke und Schwäche des Begriffs genau darin, so geschmeidig und formbar zu sein, dass er in verschiedenen Situationen und durch verschiedene Bewegungen hindurch angewendet werden kann.

Wie antwortet man auf alle diese Kritiken?

Alle verschiedenen Stränge der Analyse gehen auf die Frage zurück, von der dieses Buch seinen Ausgang nahm: die Frage nach der Subjektivität und der Bedeutung, die sie in der langen Tradition des Operaismus annimmt. In *Multitude* erklären Hardt und Negri, dass die Frage nach der Subjektivität und der entsprechenden Figur der Multitude nicht darin besteht, sich zu fragen, »was die Multitude ist«, sondern eher, »was sie werden kann« (Hardt/Negri 2004: 124). Diese Frage nach dem Werden der Multitude weist Ähnlichkeiten mit der Diskussion um den Begriff der Klasse bei Marx auf. Für Marx bezeichnet die Klasse keine objektive soziologische Gegebenheit; sie hat keine empirische Existenz, weil ihre objektiven Bestimmungen nur die Bedingung ihrer Möglichkeit sind. Was ist damit gemeint?

Hardt und Negri erläutern, dass die Klasse erst als politisches Subjekt hervortritt. Darüber hinaus tritt sie im Rahmen und dank des Klassenkampfes hervor. »Klasse ist durch den Klassenkampf determiniert« (ebd.: 122). Der Begriff des Proletariats fasst die verschiedenen in der kapitalistischen Gesellschaft ausgebeuteten Subjekte zusammen, weil sich diese ausgebeuteten Subjekte durch Akte des kollektiven Widerstands in politische Subjekte verwandeln können. Es gibt in der *technischen* Klassenzusammensetzung eine Potenzialität. Sie bezieht sich auf die Kräfte, die in den kapitalistischen Verhältnissen ausgebeutet werden. Die *politische* Klassenzusammensetzung wird durch den Klassenkampf erreicht. Der Klassenkampf, die Akte des kollektiven Widerstands, verwandeln die Arbeitskraft in Klasse, in Multitude.

Es ist wichtig, diesen Aspekt der Verwandlung der Arbeitskraft in ein politisches Subjekt, d.h. ins Proletariat, zu berücksichtigen, um die Bedeutung und Funktion des Begriffs der Multitude richtig erfassen zu können. Multitude ist ein politischer Begriff wie der des Proletariats. Er weist auf ein Werden, auf einen konstituierenden Prozess hin. Mit anderen Worten: Multitude ist der Name eines politischen Projekts, in dessen Mittelpunkt die Frage nach der politischen Organisation steht. Wie und unter welchen Bedingungen können ausgebeutete Subjekte zur politischen Subjektivität werden? Die Antwort auf diese Frage ist ausschließlich in der Kontingenz des Klassenkampfs zu finden, der das Terrain ist, auf dem die unterdrückten Subjekte zur politischen Subjektivität werden.

Aber warum rekurrieren Hardt und Negri auf einen Begriff, der in der modernen Philosophie zentral war, um Mechanismen der gegenwärtigen Zeit zu analysieren? Und schließlich hat das moderne Denken ganz unterschiedliche Begriffe zur Verfügung gestellt, die auch in anderen marxistischen Traditionen immer eine wichtige Rolle gespielt haben.

In ihrem Vorwort zu *Multitude* erklären Hardt und Negri, wieso sie von mindestens drei anderen politischen Begriffen Abstand nehmen und ihre Aufmerksamkeit auf den Begriff der Multitude lenken.

So könnte man etwa meinen, der Begriff des Volkes weise Ähnlichkeiten mit dem der Multitude auf. Nach Hardt und Negri besteht die Schwäche dieses Begriffs jedoch darin, dass er auf ein einheitliches Konzept verweist. Der Begriff des Volkes hat die Funktion, die Vielfalt auf eine Einheit zu reduzieren. Wenn der Begriff der Bevölkerung die Unterschiede pointiert, reduziert das Volk die Bevölkerung auf eine einzige Identität. Darin unterscheidet sich die Multitude vom Volk, weil sie die Unterschiede herausstreicht, die auf keine Einheit reduziert werden können.

Der zweite Begriff, von dem sich die Multitude distanziert, ist der der Masse, der mit anderen Problemen behaftet ist. Die Masse kann zwar nicht auf eine Identität oder Einheit reduziert werden, »aber im Wesentlichen ist sie undifferenziert, in der Masse gehen die Differenzen insgesamt unter, sie werden übertönt, die Couleurs in der Bevölkerung verblassen und werden zu Grau. So ist die Masse tatsächlich in der Lage, im Gleichklang zu agieren: als unterscheidungsloses, uniformes Konglomerat.« (Ebd.: 10)

Der dritte der Multitude nahestehende Begriff ist der der Arbeiter:innenklasse. Im weiteren Sinne wurde dieser Begriff jedoch zur Charakterisierung der Lohnarbeit verwendet, sodass er eine ganze Reihe anderer Arbeitsformen und Subjekte ausschließt, die nicht der Lohnform unterliegen – man denke nur an unbezahlte Hausarbeit oder verschiedene Formen prekärer Arbeit. Im Gegensatz dazu ist Multitude als ein inklusives Konzept angelegt, das die Verschiebung hin zu einer globalen Wirtschaft einfängt, in der Austausch und Beziehungen immer intensiver werden, die produzierenden Subjekte divers und fragmentiert und die Lebensformen vielfältig sind.

Aus diesen Gründen scheint Multitude der geeignete Begriff zu sein, um die Mannigfaltigkeit der aktuellen Prozesse in ihrer Ausdifferenzierung und Singularität richtig begreifen zu können. Aber die politischen Probleme, vor denen der Begriff der Multitude steht, sind vielfältig.

Negri bemerkt: »Die Herrschaft des Herren besteht darin, zu verhindern, dass *die Klasse aus der Multitude wiedergeboren wird*; dass aus der Multitude die organisierte politische Kraft entsteht, die einem ›gesellschaftlichen Individuum‹ eigen ist.« (Negri 2020a: 432; Übersetzung d. A.)

Wie organisiert sich die Multitude in dürftigen Zeiten, wenn es so scheint, als würde man durch die Wüste irren? Negris theoretische und militante Praxis ist im gemeinsamen Sein verwurzelt. Sie zieht ihre Kraft aus den Beziehungen, die der Klassenkampf schafft. Sie nährt sich von den Beziehungen und der Wärme einer *unmöglichen* Gemeinschaft. *Wir sind arm geworden, um reich zu werden.*

Die Ontologisierung des revolutionären Vermögens wird zum beherrschenden Thema in Negris letzten Schriften. Es könnte sein, dass sie einen Ausgleich zur Armut der Gegenwart bildet. Unter Armut der Gegenwart ist die Unmöglichkeit zu verstehen, praktische Antworten auf die Frage nach der revolutionären Subjektivität zu finden. Wenn es die sozialen Bewegungen nicht schaffen, sich eine dauerhafte politische Organisation zu geben, verschmachten die Subjekte unter dem Joch der kapitalistischen Herrschaft. Wie orientiert man sich unter diesen Umständen? Die Ontologisierung des revolutionären Vermögens ist eine Antwort darauf, die darin besteht, dem Stabilität zu verleihen, was seinem Wesen nach instabil und kontingent ist. Diese Ontologisierung wurzelt gleichzeitig in einer der beständigsten Tendenzen des westlichen Denkens: Sie hat mit dem zu tun, was Foucault als *permanenten Anthropologismus des westlichen Denkens* bezeichnet hat (Foucault 2013: 90 f.). Negris Werk entzieht sich dieser Tendenz wahrscheinlich nicht. Aber gleichzeitig wird darin klar, dass die kommende Aufgabe in der politischen Organisation der Multitude besteht. Die Antwort darauf liegt für Negri nur in der *wirklichen Bewegung, welche den jetzigen Zustand aufhebt.*

Dank

Ich bedanke mich zunächst bei den Herausgeberinnen der Reihe »L'émancipation en question« des Verlags éditions Amsterdam, Charlotte Nordmann und Jérôme Vidal, ohne deren Anfrage ich nie auf die Idee gekommen wäre, ein Buch über Antonio Negri zu schreiben. Danken möchte ich Nicolas Vieillescazes, Direktor des Pariser Verlags, der erlaubt hat, dass eine andere erweiterte Ausgabe des ursprünglichen französischen Buchs auf Deutsch veröffentlicht wird.

Ich bedanke mich bei den Herausgeberinnen Michael Hagner, Ina Kerner und Dieter Thomä für die Aufnahme des Buchs in die Reihe »zur Einführung«. Danken möchte ich Steffen Herrmann für seine Unterstützung bei der Erstellung.

Ein besonderer Dank geht an Konrad Karl Muschick, Sophie Peterson, Heiko Stubenrauch für die sorgfältige Durchsicht. Die Freund:innen und Kolleg:innen, in deren Schuld ich für die Unterstützung bei der Konzeption dieses Buchs stehe, sind viele. Der Austausch mit ihnen geht auf langjährige persönliche, politische und philosophische Erfahrungen zurück.

Auch verdanke ich wichtige Anregungen den Seminarsitzungen mit Studierenden in Lüneburg an der Leuphana Universität.

Anmerkungen

1 Vgl. auch Deleuze 1993: 211 ff. Étienne Balibar hat es kürzlich formuliert: »Die Synthese ist real, aber die Disjunktion ist immer noch da; das bedeutet, dass die Synthese keine politische Verschmelzung darstellt. Sie bezieht sich auf Konflikte und auf Konflikte innerhalb von Konflikten, die sich schnell entwickeln, während sie mit der Situation verwoben sind.« (Balibar 2020: 100; Übersetzung d. A.)

2 Michel Foucault hat den Schwerpunkt auf diese Frage nach der Gegenwart als Frage der Aktualität gesetzt (Foucault 2005: 687 ff.; 837 ff.). Er schreibt: »Was geschieht heute? Was geschieht jetzt? Und was ist dieses ›Jetzt‹, innerhalb dessen wir die einen und die anderen sind und das den Zeitpunkt bestimmt, an dem ich schreibe?« (Ebd.: 838) Eine breitere Kennzeichnung der Philosophie als Diagnostik der Gegenwart gibt er in seinem Buch *Le Discours philosophique* (2023: 13 ff.). Es wird auf den folgenden Seiten verschiedentlich gezeigt, wie eng das intellektuelle Verhältnis zwischen Negri und Foucault ist.

3 Wegweisende Werke sind im Zusammenhang einer solchen Gesellschaftsanalyse die von Guy Debord 2013 oder Jean Baudrillard 2015.

4 Diese Modelle wurden nach den amerikanischen Ingenieuren Henry Ford und Frederick Taylor benannt. Ersterer war der Gründer des Automobilherstellers Ford und der Erfinder des Fordismus, d. h. eines Modells für die Organisation und Entwicklung von Großunternehmen, das auf dem Fließband basiert. Von Taylor stammen *Die Grundsätze wissenschaftlicher Betriebsführung* (1911). Für eine ausgiebige Analyse vgl. insbesondere Coriat 1979; Gorz 2010.

5 Ende der 1940er Jahre etablierte sich die Kybernetik als wissenschaftliches Feld u. a. für die Analyse komplexer Systeme, vgl. Pias 2003. Das ist der Zeitpunkt, als sich in den Wissenschaften Reflexionen zu

Informationssystemen und künstlicher Intelligenz aus kognitionswissenschaftlicher Perspektive durchgesetzt haben. Die Diskussion über ihre Folgen setzt sich bis in die Gegenwart fort und bezieht sich auf tiefgreifende Transformationen der Gesellschaft sowie ihrer Lebensformen und involviert damit wichtige anthropologische Transformationen der Produktions- und Lebensweisen, unter denen nicht nur eine bestimmte ökonomische Konfiguration zu verstehen ist, sondern ein Zusammenwirken verschiedener Lebensformen: eine Konstellation mit sozialen, anthropologischen, ökosophischen, ästhetischen und ethischen Komponenten. Vgl. Hagner/Hörl 2008; Guattari 2014, Kap. 5.

6 Zum Thema Automatisierung der Arbeit gehören unterschiedliche Interpretationen, die teilweise auf kontroverse Deutungen des Marx'schen Werks zurückgehen. Interessante Überlegungen dazu sind im Werk von Herbert Marcuse zu finden (vgl. Marcuse 1969; Marcuse 1987). Eine einflussreiche Studie zum Thema ist der 1956 erschienene Text *Automation – Materialien zur Beurteilung der ökonomischen und sozialen Folgen* von Friedrich Pollock. In der operaistischen Tradition bahnten die wegweisenden Analysen von Raniero Panzieri den Weg für eine neomarxistische Interpretation der Maschinen im Neukapitalismus (vgl. Panzieri 1961). Bezugnehmend auf die umfassende Literatur zum Thema vgl. Bell 1979; Moulier-Boutang 2011; Stiegler 2016.

7 Zu diesem Thema vgl. Lorey 2020.

8 Die Literatur, die den Wandel vom Fordismus zum Postfordismus analysiert, ist mittlerweile beachtlich. Von Antonio Gramsci, der in seinen in der ersten Hälfte des 20. Jahrhunderts verfassten *Gefängnisheften* bereits die Frage des Amerikanismus und des Fordismus erörterte (Gramsci, 2012) bis hin zu den Operaist:innen und Neo-Operaist:innen wurde die Frage des Übergangs und des Austritts aus der kapitalistischen Moderne ausgiebig diskutiert. Diese Einführung knüpft insbesondere an die Werke einer Gruppe von italienischen Neo-Operaist:innen an, zu denen Silvia Federici, Andrea Fumagalli, Maurizio Lazzarato, Christian Marazzi, Carlo Vercellone und Paolo Virno gehören.

9 Die hier von Balestrini und Moroni in den Blick genommene Verschlimmerung der Lebensbedingungen ist in filmischen Dokumen-

ten aus der Zeit auch sehr gut dokumentiert. Besonders die Filme des Regisseurs Elio Petri wie *Der Weg der Arbeiterklasse ins Paradies* (1971), der wie Lehrjahre in den Formen des Widerstands interpretiert werden kann, wenn man an den Protagonisten Mimi denkt (von Gian Maria Volonté dargestellt), der auf seinen Stachanowismus und den Zustand des unterworfenen Arbeiters verzichtet.

10 Das Wort *arm* wird hier in seiner allgemeinen Bedeutung benutzt, um die Passivität dieser Subjekte zu betonen, d. h. die Tatsache, dass sie Opfer der kapitalistischen Entwicklung sind. Aber die Frage nach der Armut erfasst eine breitere Diskussion. Für Negri ist die Armut Potenz, Macht, Vermögen. Ausgehend von Marx' Kennzeichnung der Arbeitskraft als Möglichkeit des Reichtums, zeigen Negri und Hardt, dass der Arme, »dieser gemeine Name, [...] auch die Begründung jeder Möglichkeit der Humanität [ist]« (Hardt/Negri 2002: 169). Agamben bezieht sich auf die ontologische Dimension der Armut im Hinblick auf Franziskus von Assisi. Vgl. Agamben 2019. Für eine weitergehende Beschäftigung vgl. Procacci 1991.

11 Eine Aktualisierung dieser Auffassung ist das Konzept der *Autonomie der Migration* (vgl. Bojadžijev/Karakayali 2010).

12 Eine Diskussion des Themas der Arbeitsverweigerung findet sich bei Frayne 2015. Eine ausführliche Diskussion zum Thema Arbeitszwang im Hinblick auf den Reformismus der linken Parteien und im Horizont einer digitalisierten Gesellschaft, in der die Möglichkeit der Überwindung des Arbeitszwangs bestehen könnte, hat Christian Oswald 2019 entwickelt.

13 Ich übernehme diese Zitate und diesen Kommentar zu De Feos Werk aus meinem Text *Passagen innerhalb des zeitgenössischen italienischen Marxismus* (2024).

14 Wie lässt sich eine Geschichte der Ausgeschlossenen schreiben? Das ist ein bedeutendes philosophisches und epistemologisches Problem, zu dessen Beantwortung – ausgehend von einem anderen theoretischen und historischen Kontext – Gayatri Chakravorty Spivak mit ihrem Text *Can the Subaltern Speak?* beigetragen hat.

15 Das Thema einer ungeschriebenen Geschichte der Mehrheit der Arbeiterklasse überlappt auch mit neuen Deutungen des Begriffs der Revolution. Die Frage geht u. a. auf Kant zurück. Dieser hinterfragt die Französische Revolution und behauptet, dass der Hinweis auf

die Veränderung nicht in großen Ereignissen zu suchen ist, sondern eher in weniger spektakulären Ereignissen. Vgl. Nigro/Raunig 2011. Zu den Verschiebungen der Deutung des Begriffs Revolution vgl. Harcourt 2019.

16 Für eine erste Orientierung im Thema Operaismus vgl. Birkner/Foltin 2010; Wright 2005. Eine sehr reiche – (auch) visuelle – Dokumentation zum Operaismus findet sich in Galimberti 2022; Gentili 2012; Turchetto 2007; Götz 2020.

17 Diese grundlegende These des Operaismus prägt auch das Werk von Antonio Negri. Aber es ist zu bemerken, dass Negri dieser Intuition eine andere Richtung gibt. Für ihn besteht die Originalität der operaistischen These von Tronti nicht in der Tatsache, dass sie zeigt, dass die kapitalistische Entwicklung den Arbeiter:innenkämpfen untergeordnet sei, sondern in der Anerkennung der Kraft der lebendigen Arbeit. So schreibt Negri: »Die Bedeutung [von *Arbeiter und Kapital*] liegt nicht [...] in der Interpretation der Geschichte des Kapitals aus der Perspektive des Klassenkampfs [...]: die Bedeutung von *Arbeiter und Kapital* liegt in der Entdeckung der lebendigen Arbeit als Subjektivität.« (Negri 2015d: 280, Übersetzung d. A.) Es ist diese Intuition, die Negri seinen eigenen originalen Weg in den Operaismus bahnen wird, wie wir sehen werden. Diese politische Dimension der Kraft der lebendigen Arbeit enthält wichtige philosophische Implikationen, die bis in die letzten Werke von Negri wirken. In *Assembly* rekonstruieren Hardt und Negri eine Genealogie des häretischen Marxismus, ausgehend von Lukács über Merleau-Ponty bis zu Foucault, wo die Kraft der Subversion und der lebendigen Arbeit berücksichtigt ist. Vgl. Hardt/Negri 2018: 108 ff.

18 Diese in den 1960er Jahren entstandenen Überlegungen, die im Zentrum der operaistischen Erfahrung stehen, überlappen mit anderen Denkfiguren, die später aufgekommen sind. So schreibt zum Beispiel Michel Foucault: »[...] Wenn es keinen Widerstand gäbe, gäbe es keine Machtbeziehungen. [...] Der Widerstand kommt also als Erstes, und er bleibt sämtlichen Kräften des Prozesses überlegen; er nötigt mit seiner Wirkung die Machtverhältnisse dazu, sich zu verändern. Ich gehe also davon aus, dass der Terminus ›Widerstand‹ das wichtigste Wort, das *Schlüsselwort* dieser Dynamik ist.« (Foucault 2016: 916; vgl. dazu auch Catherine Malabou 2022: 213)

19 Die von Kojève entwickelte Deutung von Hegels *Phänomenologie des Geistes* bahnt den Weg für eine erste Renaissance der Beschäftigung mit Friedrich Nietzsche in Frankreich. Auf diesem Weg spielte das Werk von Georges Bataille eine wichtige Rolle. Diese Wende in der Interpretation der Philosophie Nietzsches ist für die neuen Wege des Neomarxismus auch von extremer Relevanz. Siehe Kojève 1975; Casale 1996.

20 In seinen Studien zu finanzpolitischen Krisen benutzt James O'Connor dieselbe Methode. Er zeigt, dass die Kämpfe der Arbeiter:innenklasse Krisen herstellen. In diesem Zusammenhang widerspricht O'Connor einer traditionellen Vorstellung, gemäß der die Arbeiter:innenklasse dargestellt wird, als ob sie nur unterdrückt sei. Demgegenüber behauptet O'Connor, dass die Arbeiter:innenklasse als Protagonistin der Geschichte des Westens zu begreifen ist. Die Krise ist für O'Connor das Symptom, dass das Kapital es nicht schafft, die Arbeiterklasse zu kontrollieren. Eine auf Individualismus basierende Gesellschaft war die mächtige Waffe, die das Kapital herstellte, um die Kraft der Arbeiter:innenklasse zu bändigen. Aber auch der Individualismus löst die Probleme der Kontrolle nicht, weil die Kämpfe die Form der individualistischen Aneignung annehmen: Wenn die traditionellen Kämpfe individuelle Mittel nutzten, um kollektive Ziele zu gewinnen, nutzt der moderne Kampf kollektive Mittel, um individuelle Ziele zu erreichen. Vgl. O'Connor 2002.

21 Negris Analysen zu Lenin und zum Leninismus, die auf die frühen 1970er Jahre zurückgehen, stehen mit seinen den Auswirkungen der Oktoberrevolution auf das kapitalistische Bewusstsein gewidmeten Analysen in Kontinuität. Man sollte seine Reflexionen über Lenin mit seinem Text zu John Maynard Keynes und der kapitalistischen Staatstheorie von 1929 zusammen lesen. Vgl. Negri 2014; Negri 1988: 5 ff.; Negri 2005a: 1 ff.

22 Vgl. das interessante Buch von Chamayou (2019), in dem der Verfasser die Entstehung neoliberaler Regierungspraktiken analysiert. Ausgangspunkt ist die These der Unregierbarkeit der Gesellschaft, über die neoliberale und konservative Autoren reflektieren.

23 In dem Kapitel *Toni Negri und der ›gesellschaftliche Arbeiter‹* rekonstruiert Wright die Entstehung der Kategorie des gesellschaftlichen Arbeiters in Negris Werk aus den 1970er Jahren. Er zeigt, wie diese

Ausarbeitung nicht nur einen Abstand von der Tradition des Operaismus markiert, sondern auch Streit innerhalb der Tradition der Autonomia verursacht, vor allem in Bezug auf die Art und Weise, wie Negri das Thema der Produktivität von der Fabrik abkoppelt und es in der Gesellschaft verortet.

24 Trontis Überlegungen müssen im Rahmen einer breiteren historischen Konjunktur interpretiert werden, die sich nicht nur auf den italienischen Kontext beschränkt. Dario Gentili hat mich darauf aufmerksam gemacht. Trontis Überlegungen beziehen sich auf die Diskussionen zum Thema *Regierung und Nicht-Regierung der Linken*, die im Rahmen einer Tagung, an der Tronti, Massimo Cacciari, Gianni Vattimo u.a. teilnahmen, formuliert wurden. Vgl. dazu die Nummer 3 der Zeitschrift *Laboratorio politico* (1981), die die Interventionen der Tagung versammelt. Die Debatte zeichnete sich durch die Idee aus, dass der Weg zu einer Linksregierung erst gebahnt werden kann, wenn die Linke auf ihre auf Antagonismus und Ablehnung basierende Haltung verzichtet. Aus anderen Perspektiven war die Diskussion zur Frage einer sozialistischen Gouvernementalität in Frankreich auch prominent, wo Anfang der 1980er der Aufstieg der Sozialisten an die Macht mit François Mitterand erstmals möglich wurde. Die Diskussion spiegelt sich unter anderem in den dem Thema des Liberalismus gewidmeten Kursen Michel Foucaults am Collège de France aus dem Jahr 1978/1979, in denen sich auch Passagen über die (Un-)Möglichkeit einer sozialistischen Gouvernementalität finden. Vgl. dazu Foucault 2004: 112 ff.

25 Der Begriff geht auf Michel Foucault, *Überwachen und Strafen* (1976), zurück.

26 Die Bedeutung der feministischen Bewegungen und der gesamten theoretischen Produktion, die mit ihnen in Verbindung steht, wäre eine eigene Untersuchung wert. Hier beziehe ich mich auf einige Werke aus dem operaistischen Kontext, deren Bedeutung bis in die heutige Zeit reicht. Siehe Federici 2012a; Federici 2012b; Federici 2021; Dalla Costa 2022; Lonzi 2021; Cuninghame 2008.

27 Foucaults Werk zeugt von einer besonderen Aufmerksamkeit für die Entstehung neuer Kampfformen. Siehe Foucault 2016: 269 ff. In diesem Text verwendet Foucault den Ausdruck *transversale Kämpfe*, um die Kämpfe der Frauen gegen die männliche Herrschaft, der

Kranken gegen die Psychiater:innen und der Patient:innen gegen die Ärzt:innen zu bezeichnen. Bereits 1964 hatte Félix Guattari im Kapitel *Transversalität* auf die transversalen Kämpfe aufmerksam gemacht, vgl. Guattari 1976.

28 Dies wird insbesondere durch die sogenannte »Bewegung von 1977« veranschaulicht, die in Balestrini/Moroni (2002: 475 ff.) genau beschrieben wird. Die zahlreichen in diesem Buch vorgestellten Zeitdokumente vermitteln einen Eindruck von der Vitalität der Bewegung.

29 »'77 eine formidable Vorziehung von '89 ist« (Negri 2004a: 89, Übersetzung d. A.).

30 *Indiani metropolitani* waren ein Teil der italienischen linksradikalen Bewegung. Im weiteren Verlauf des Kapitels wird häufig auf die *Bewegung* (Movimento) im Singular Bezug genommen: Darunter versteht man eine zusammengesetzte politische und soziale Realität, einen Archipel von Aktivist:innen, die nicht unbedingt bestimmten Gruppen oder Organisationen angehören.

31 Vgl. insbesondere die Rekonstruktion der Ereignisse in Balestrini/Moroni 2002: 303 ff. Dazu auch Falciola 2015: 23 ff.; Bianchi/Caminiti 2007: 37 ff. Aus einer anderen Perspektive, die nicht die italienische Bewegung anbelangt, und für eine Thematisierung der Verunsicherung des Jahrzehnts vgl. Sarasin 2021. Um die Lage in Europa und insbesondere in Deutschland zu vergleichen, siehe Terhoeven 2014. Kürzlich hat sich Michael Hardt in einer ausführlichen weltweit angelegten Studie dem Thema der Kämpfe in den 1970er Jahren gewidmet. Was die politische Lage in Italien anbelangt, vgl. Hardt 2023: 109 ff.

32 Vgl. Moro 2007 für eine Rekonstruktion des Jahrzehnts als eine Zeit der politischen Teilhabe und der Reformen.

33 Die *Grundrisse* sind ein unvollendetes Werk, das Marx zwischen September 1857 und Juni 1858 verfasst hat. Es besteht aus einer Einleitung und sieben Heften, die erstmals 1939–1941 in Moskau in limitierter Auflage veröffentlicht wurden. Mit der Veröffentlichung der Manuskripte im Dietz Verlag 1953 begann eine erste Rezeption des Werks.

34 Zum Maschinenfragment und insbesondere dem Ursprung des darin verwendeten Begriffs des *general intellect* vgl. Pasquinelli 2019.

35 Die erste vollständige Übersetzung der *Grundrisse* ins Italienische erschien 1968/1970 (La Nuova Italia, Firenze, übersetzt von Enzo Grillo).

36 Siehe dazu auch Cerotto 2020. Panzieri 1972: 14 ff.

37 *Minoritär* wird hier im Sinne der Deutung von Deleuze und Guattari verwendet: »Deshalb müssen wir folgendes unterscheiden: das Majoritäre als homogenes und konstantes System, die Minoritäten als Sub-Systeme und das Minoritäre als mögliches, kreatives und geschaffenes Werden.« (Deleuze/Guattari 1992: 147) Deleuze schreibt auch dazu: »What is a ›minor‹ character? What is a ›minor‹ author? CB [Carmelo Bene] begins by pointing out that it is stupid to be interested in the beginning or end of something, the points of origin and termination. [...] What counts, on the contrary, is the becoming: becoming-revolutionary, and not the future or the past of the revolution.« (Deleuze 1993a: 207) Vgl. dazu auch Étienne Balibar 2012: 216. Gute Hinweise zum Thema sind in Park 2020 zu finden. Hardt und Negri nutzen den Begriff *minoritär* im Hinblick auf das Kantische Motto der Aufklärung »sapere aude«. Sie schreiben: »Der *majoritäre* Kant bietet Werkzeuge, mit deren Hilfe die transzendentale Ordnung der Republik des Eigentums sich stabilisieren lässt, der *minoritäre* Kant hingegen sprengt ihre Grundlagen und macht den Weg frei für Mutationen und freie Schöpfungen auf der Ebene biopolitischer Immanenz.« Vgl. dazu Hardt/Negri 2010: 33.

38 Um nochmals die historische Konjunktur, in der Negris Interpretation erfolgt, zu betonen, ließe sich die kritische Anmerkung von Foucault anführen, der in seinem Buch *Die Archäologie des Wissens* die Versuche jenes Denkens kritisiert, das dazu tendiert und also dazu geführt hat, »Marx zu anthropologisieren, aus ihm einen Historiker der Totalitäten zu machen und in ihm das Vorhaben des Humanismus zu finden« (Foucault 1990: 25).

39 Yann Moulier-Boutang widerruft in seinem Vorwort zur französischen Ausgabe von *Marx au-delà de Marx* (Negri 2004) diesen Weg und diese Interpretation.

40 Neben *Das Kapital lesen* hat Althusser weitere Bücher verfasst, in denen er den theoretischen Antihumanismus von Marx untersucht. Vgl. dazu Althusser 2021.

41 Die Kritik von Althusser, deren Schwerpunkt in den Analysen des theoretischen Antihumanismus von Marx liegt, erfolgt in einer besonderen Konjunktur der französischen Philosophie, die von der Konvergenz sehr unterschiedlicher Diskurse und Analysen charakterisiert wurde. Diese haben dazu geführt, den ontologischen Diskurs zu entsubjektivieren und die Idee eines fundierenden Subjekts zu verabschieden. Vgl. Foucault 2016: 60.

42 Die Kritik der anthropologischen Frage, die mit der Dekonstruktion der Theorie des Subjekts in engem Zusammenhang steht, könnte als ein Merkmal der Analysen von Foucault in seinem Frühwerk betrachtet werden. Vgl. dazu Foucault 1974: 367 ff.; Foucault 2010: 114 ff.; Foucault 2022.

43 Vgl. dazu Spinoza 2007: 219: »Die meisten, die über die Affekte und über die Lebensweise der Menschen geschrieben haben, behandeln, so sieht es aus, nicht natürliche Dingen, die den allgemeinen Gesetzen der Natur folgen, sondern Dinge, die außerhalb der Natur liegen; eher scheinen sie den Menschen in der Natur wie einen Staat im Staat zu verstehen.« In einem Brief an Schuller (Herbst 1674) erklärt Spinoza noch weiter, dass die Menschen glauben, frei zu sein. Sie rühmen sich dieser Freiheit, weil sie die Ursachen, die sie bestimmen, nicht kennen. Spinoza 1977: 235 f.

44 So schreibt Althusser: »Das Individuum *wird als (freies) Subjekt angerufen, damit es sich freiwillig den Anordnungen des SUBJEKTS unterwirft, damit es also (freiwillig) seine Unterwerfung akzeptiert* und folglich ›ganz von allein‹ die Gesten und Handlungen seiner Unterwerfung ›vollzieht‹.« (Althusser 1977: 148)

45 Balibar 1993: 104. Balibar erklärt auch, dass der Strukturalismus ein Dispositiv ist, welches die Umkehrung der Frage nach dem Subjekt ermöglicht: vom Subjekt als Grund, Fundament, Ursache zum Subjekt als Produkt oder Effekt. Das Subjekt verschwindet nicht im Strukturalismus. Es wird eher seine Konstitution gedacht. Vgl. Balibar 2005.

46 Anfang der 1980er Jahre entstand in Italien eine Strömung mit dem Namen *pensiero debole*, was wortwörtlich *schwaches Denken* heißt. Der Philosoph Gianni Vattimo ist einer der wichtigsten Vertreter dieser Bewegung. Im Ausgang der Philosophien von Nietzsche und Heidegger sowie auch der hermeneutischen Tradition von Hans-Ge-

org Gadamer bezieht sich Vattimos Vorschlag auf eine Schwächung des Seins und dessen starker Strukturen: »Schwaches Denken bedeutet, dass die Rationalität sich innerlich depotenzieren muss, dass sie sich in die Schattenzone zurückzieht; dass die kartesianischen, stabilen leuchtenden Bezugspunkte verloren sind.« (Vattimo/Rovatti 1983: 10) Entstanden in der Hochkonjunktur der Debatten zur Postmoderne (man denke hier an Jean-François Lyotard, *Das Postmoderne Wissen* (1982), ist das schwache Denken ein Versuch oder eine Haltung, sich von starken Strukturen, so auch von der Idee des Subjekts, zu verabschieden.

47 Zu diesem Thema vgl. Macherey 2014: 149 ff. Macherey erklärt hier, wie die Theorie des Mehrwerts bei Marx auf dieser Dimension des Versprechens basiert. Vgl. dazu auch Lazzarato 2012, um die Verknüpfung des Themas des Versprechens mit dem der Schuld im Zeitalter des Finanzkapitals zu begreifen. Vgl. Virno 2008: 105 ff.; Negri 2008: 87 ff.

48 Zum Thema Armut und Reichtum in neokapitalistischen Gesellschaften hat André Gorz viel beigetragen, siehe Gorz 1999; Gorz 1980. Antonio Negri hat die möglichen Annäherungen (und Differenzen) zwischen dem Operaismus und dem Werk von Gorz hervorgehoben. Vgl. Negri 2020b. Zum Thema Armut vgl. auch Hardt/Negri 2010: 54 ff.

49 Der Hinweis geht auch auf Michel Foucault zurück, der sich in *Überwachen und Strafen* auf eine *Technologie der Unterwerfung (»une technologie fine et calculée de l'assujettissement«* Foucault 1975: 257) bezieht, die der Übersetzer zu Recht mit zwei durch einen Schrägstrich getrennten (bzw. durch ihn verbundenen) Termini übersetzt: »... einer verfeinerten und kalkulierten Technologie der Unterwerfung/Subjektivierung« (Foucault 1976: 283). Ich verweise hier auf Nigro 2015b: 19. Zum Thema vgl. auch Descombes 2013; Žižek 2010.

50 Biopolitik ist ein zentraler Begriff in Foucaults Werk, welcher heute die Ausbreitung einer Reihe von unterschiedlichen Studien ermöglicht hat. Siehe u. a. Foucault 1987: 161 ff.; Foucault 2001: 276 ff.; Foucault 2006: 13 ff. sowie Foucault 2004. Für eine Einführung in die Thematik der Biopolitik vgl. Lemke 2013.

51 In der Tradition des Operaismus und des Neo-Operaismus (unter diesem Etikett ist die Arbeit einer Gruppe von Intellektuellen einer

neuen Generation zu verstehen, die mit Negri während seines Pariser Exils gearbeitet hat, insbesondere im Zusammenhang der von Negri mitbegründeten Zeitschrift *Futur antérieur*) führen diese Transformationen zu neuen kapitalistischen Kräfteverhältnissen. Sie ermöglichen die Entstehung einer neuen Subjektivität und einer neuen entsprechenden Klassenzusammensetzung. Die auf dem *general intellect* basierende Produktionsweise im Zeitalter der Biopolitik führt zur Intensivierung der Formen der gesellschaftlichen Interaktion und Kommunikation. Vgl. dazu Fumagalli et al. 2019; Fumagalli/Morini 2020.

52 Zur Interpretation des *general intellect* im Hinblick auf die aktuelle Phase der Entwicklung des Kapitalismus vgl. Virno 2004: 148 ff.

53 Negri definiert diese neue Phase der Entwicklung der Produktivkräfte als »Subsumtion der Gesellschaft unter den General Intellect« (vgl. Negri 2019a). Zwei weitere Marx'sche Begriffe sind nützliche Ergänzungen, um die Diskussion um die *Grundrisse* und ihre Interpretation durch Negri einzubinden: Es handelt sich um die Begriffe der formalen und reellen Subsumtion der Arbeit unter das Kapital, vgl. dazu Marx 2009. Nach Negri (und Hardt) haben diese beiden Konzepte den Vorteil, dass sie die pluralistische Natur der kapitalistischen Herrschaft berücksichtigen. Sie zeigen die Operationalität des Kapitals, das heißt die Art und Weise, wie sich verschiedene Produktionsformen aufeinander einstellen können (vgl. Hardt/Negri 2018: 178 ff.). Negri und Hardt setzen diese Begriffe in Beziehung zu jenem der ursprünglichen Akkumulation und zeigen, inwieweit sie die teleologische Vorstellung einer linearen und gleichförmigen kapitalistischen Entwicklung infrage stellen können. Darüber hinaus erlauben sie, geografische, soziale und kulturelle Unterschiede zu denken.

54 Bezugnehmend auf Negris Spätwerk (insbesondere auf das mit Michael Hardt verfasste Buch *Empire*) bemerkt Jacques Rancière, dass Negri eine traditionelle marxistische Idee in seinem gesamten Werk reaktiviert, und zwar den Gedanken, dass die Produktivkräfte die Produktionsverhältnisse zerbrechen werden. Rancière behauptet: »die kapitalistischen Produktionsverhältnisse haben die Produktivkräfte gefangen. Innerhalb dieser Verhältnisse entwickeln sich die

Produktivkräfte, die diese Verhältnisse brechen werden« (Rancière 2004; Übersetzung d. A.). Vgl. auch Žižek 2008: 350 ff.

55 Zur aktuellen Diskussion der Idee des Kommunismus vgl. Žižek 2005; Badiou/Žižek 2012; Badiou/Žižek 2015; Douzinas/Žižek 2012.

56 In diesen Jahren ist der Rückgang der politischen Partizipation in westlichen Ländern ein verbreitetes Phänomen. Es wird in unterschiedlichen politischen Forschungen thematisiert. Viele Autor:innen konstatieren in ihren Analysen vor allem ein Krisen- oder Verlustszenario, wodurch eine Erosion demokratischer Partizipation erfolge. Vgl. Rosanvallon 2018: 129–243.

57 Von den Hinweisen auf verschiedene Autor:innen in der Geschichte der Philosophie, mit denen sich diese Frage stellen lässt, wird hier vor allem Foucaults Beschäftigung mit der Frage fokussiert, da sie eine entscheidende Rolle in Negris (und Hardts) Werdegang gespielt hat. Die Frage nach einer historischen Ontologie durchquert Foucaults ganzes Werk in unterschiedlichen Formen. Als Foucault noch Student war, hat er unter der Leitung von Jean Hyppolite ein *mémoire* zum Thema »La constitution d'un transcendantal dans la *Phénoménologie de l'esprit* de Hegel« (1949) verfasst, wo das Thema einer historischen Ontologie teilweise auftaucht. Vgl. Foucault 2024. Vgl. dazu Vuillerod 2022: Kap. 6; Sforzini 2022: 249. Später arbeitet Foucault den Begriff in anderen Formen aus: Man denke hier an die Frage nach dem historischen Apriori in der *Archäologie des Wissens* (Foucault 1990: 183 ff.); noch später bezieht sich Foucault auf die Frage nach der *Ontologie der Gegenwart* (Foucault 2016: 848). Neben der Auseinandersetzung mit Foucault spielt die intellektuelle Begegnung mit Gilles Deleuze auch eine entscheidende Rolle für Negri und Hardt. Die Frage nach einer historischen Ontologie kommt in Deleuzes Werk in der Form eines Denkens des transzendentalen Empirismus an. Vgl. Deleuze 1992: 169–216; Rölli 2012; Sauvagnargues 2009.

58 Der Weg des *schwachen Denkens* in Italien, insbesondere im Werk Gianni Vattimos, wurde stark von der Auseinandersetzung mit Heidegger und der hermeneutischen Tradition Hans-Georg Gadamers geprägt. Der Ausgangspunkt der Überlegungen ist die Interpretation der Philosophie Nietzsches.

59 So schreibt Derrida: »Misskannt und oberflächlich abgefertigt, würde der Hegelianismus somit seine historische Herrschaft ausdehnen, indem er endlich, ohne Widerstand zu finden, seine gewaltigen Mittel der Bestrickung entfalten kann.« (Derrida 2023: 380)

60 Diese Diskussionen erfolgen in Frankreich in einem intellektuellen Klima, das von den Debatten um die Humanwissenschaften, den Strukturalismus, den *Nouveau Roman* oder die *Nouvelle Vague*, um nur einige zu nennen, charakterisiert wurde. Dennoch versucht auch ein großer Teil der französischen Philosophie, sich vom Hegelianismus und den existenziellen Philosophien des Subjekts zu lösen.

61 Negri nimmt von postmodernen Ansätzen Abstand. Seine Interpretation der Transformation der Politik und des Sozialen ist in keinem Fall von Kategorien geprägt, die auf ein Verlustszenario, eine Dämmerung oder einen Verfall hinweisen. Seine Reflexion steht eher mit Denkerfahrungen im Dialog, in denen die Infragestellung mehrdeutiger Begriffe eine wichtige Rolle spielt. Man denke hier an Balibar/Wallerstein 1990.

62 Zur Frage nach der Rolle der Philosophie Nietzsches im Denken Negris vgl. Revel 2007.

63 In deutscher Übersetzung wurde das letzte Kapitel mit dem Titel *Konstituierende Macht* in Pieper/Atzert/Karakayali/Tsianos 2011 veröffentlicht, vgl. Negri 2011b. Vgl. auch Read 1999. Zum Thema Konstituierende Macht vgl. auch die interessanten Reflexionen von Robin Celikates (2010).

64 In *Lenin und die Philosophie* merkt Althusser an, dass Marx Hegel etwas schuldig sein musste, da Hegel ihm eine spätere Kategorie geliefert hatte, die des Prozesses ohne Subjekt, vgl. Althusser 1974: 62; Diefenbach 2018: 30. Darüber hinaus hatte Althusser bereits davor gewarnt, dass der Umweg über Spinoza für einen Marxisten einen gefährlichen Preis hat, denn »was man auch unternehmen mag, es wird Spinoza immer etwas fehlen, das Hegel an Marx weitergab: den Widerspruch« (Althusser 1975: 82). In Spinozas System fehlt genau das, was Hegel Marx vermacht hat – der Begriff des Widerspruchs, der zum Paradigma des Klassenkampfs führt (vgl. Spector 2007: 30; Diefenbach 2018: 30).

65 Vgl. in diesem Buch, Kap. 2, S. 80.

66 Zu diesem Thema vgl. auch Fischbach 2014.

67 Zur terminologischen Anwendung des Paars *potentia/potestas* siehe Hardt 1991.

68 Marco D'Eramo argumentiert, dass die letzten fünfzig Jahre Schauplatz eines Krieges und einer gigantischen Revolution der Reichen gegen die Armen, der Herrschenden gegen die Beherrschten waren, deren Geschichte in Hinblick auf die imperiale Macht unserer Zeit, die die Vereinigten Staaten in den Händen halten, erzählt werden muss. Vgl. D'Eramo 2023.

69 Zur Entstehung der Lohnarbeit vgl. Moulier-Boutang 1998.

70 Zum Konzept der Modulation bei Deleuze vgl. Hui 2015: 74 ff.;. Hierzu auch Savat 2005; Galloway 2006; Raunig 2012b: Kap. 4: 41 ff.

71 Viele Autor:innen betonen, dass die neoliberale Gouvernementalität durch eine neue Form der Gouvernementalität ersetzt wird. So spricht Antoinette Rouvroy von »algorithmischer Gouvernementalität« und hebt damit die digitalen Bedingungen einer neuen Gouvernementalitätsrationalität hervor. Diese zeichne sich dadurch aus, dass die Subjektivität fragmentiert und entindividualisiert sei (vgl. Rouvroy 2013).

72 Zum Thema ›Humankapital‹ in Hinblick auf die von Michel Foucault entwickelten Analysen vgl. Read 2009; Dardot/Laval 2013.

73 Die neuen Herausforderungen der Spätmoderne im Hinblick auf den Aufstieg der *ästhetischen Ökonomie* und der *creative industries* sind von Andreas Reckwitz (2012: Kap. 4: 133 ff.) eingehend analysiert worden. Vgl. auch Boltanski/Esquerre 2019.

74 Die Beziehung von Kultur, Kreativität und wirtschaftlichem Wachstum ist von Richard Florida analysiert worden. Vgl. Florida 2002.

75 Der Begriff der Massenintellektualität bildet das Gegenstück zu dem des:der Massenarbeiter:in und zielt darauf, die Verallgemeinerung des kognitiven Vermögens zu betonen.

76 Das Thema der Relation hat in den letzten Jahrzehnten aus unterschiedlichen Perspektiven in den Debatten eine große Resonanz bekommen. Vgl. hierzu die anthropologischen Perspektiven von Strathern 2020.

77 Vgl. Pieper et al. 2007; auch Dean/Passavent 2003; Lemke 2007; Žižek 2001. Verschiedene Texte zur Debatte um *Empire* sind abrufbar unter: https://www.multitudes.net/category/archives-revues-fu

tur-anterieur-et/bibliotheque-diffuse/negri-empire-multitude/debat-autour-d-empire/.

78 Diese Fragen stehen heute im Mittelpunkt zahlreicher anthropologischer Debatten um die Transformationen des Humanen. Siehe z.B. Haraway 1995; Braidotti 2014.

79 Für eine weiterführende Lektüre siehe Lazzarato 2007 und Lemke 2007, 2007a.

80 Zur Frage der Biopolitik gibt es heute eine sehr umfangreiche Literatur. Vgl. hierzu Lemke 2013. In Richtung der in *Common Wealth* ausgearbeiteten Fragen vgl. Fumagalli et al. 2019.

81 Vgl. auch Foucault 2006: Vorl. 1: 13 ff.

82 Zur Ausdifferenzierung der Begriffe des Gemeinsamen und Universalen vgl. Virno 2005: 165 ff.

Literatur

Zitierte Primärtexte von Antonio Negri

Hardt, Michael/Negri, Antonio (2002): Empire: die neue Weltordnung, Frankfurt/Main/New York: Campus.

Hardt, Michael/Negri, Antonio (2004): Multitude: Krieg und Demokratie im Empire, Frankfurt/Main/New York: Campus.

Hardt, Michael/Negri, Antonio (2010): Common Wealth: Das Ende des Eigentums, Frankfurt/Main/New York: Campus.

Hardt, Michael/Negri, Antonio (2013): Demokratie! Wofür wir kämpfen, Frankfurt/Main/New York: Campus.

Hardt, Michael/Negri, Antonio (2018): Assembly: die neue demokratische Ordnung, Frankfurt/Main/New York: Campus.

Negri, Antonio (1977): La forma stato: per la critica dell'economia politica della Costituzione, Mailand: Baldini Castoldi Dalai.

Negri, Antonio (1982): Die wilde Anomalie: Baruch Spinozas Entwurf einer freien Gesellschaft, Berlin: Wagenbach.

Negri, Antonio (1982a): Macchina Tempo, Mailand: Feltrinelli.

Negri, Antonio (1988): Revolution Retrieved: Writings on Marx, Keynes, Capitalist Crisis, and New Social Subjects (1967–83), London: Red Notes.

Negri, Antonio (1989): The Politics of Subversion: A Manifesto for the Twenty-First Century, Cambridge: Polity Press.

Negri, Antonio (1995): »Tous ensemble«, in: Futur antérieur, 30–31–32, 1995/4.

Negri, Antonio (1998): »Massenintellektuelle. Umrisse einer konstituierenden Macht«, in: Negri, Antonio/Lazzarato, Maurizio/Virno, Pao-

lo (1998): Umherschweifende Produzenten: immaterielle Arbeit und Subversion, 1. Aufl., Berlin: ID Verlag, S. 67–81.
Negri, Antonio (1999): Insurgencies: Constituent Power and the Modern State, Minneapolis: University of Minnesota Press.
Negri, Antonio (2003a): »Eine ontologische Definition der Multitude«, in: Thomas Atzert, Jost Müller (Hg.), Kritik der Weltordnung. Globalisierung, Imperialismus, Empire, Berlin: ID Verlag, S. 111–125.
Negri, Antonio (2003): Guide: cinque lezioni su Impero e dintorni, Milano: R.Cortina.
Negri, Antonio (2004): Marx: Au-delà de Marx, Paris: L'Harmattan.
Negri, Antonio (2004a): Quell'intelligente moltitudine, in: Bianchi, Sergio/Caminiti, Lanfranco (Hg.), Settantasette. La rivoluzione che viene, 2. Aufl., Rom: DeriveApprodi, S. 89–100.
Negri, Antonio (2004b): Subversive Spinoza. (Un)contemporary variations, Manchester/New York: Manchester University Press.
Negri, Antonio (2005a): Books for Burning: Between Civil War and Democracy in 1970s Italy, London [u.a.]: Verso.
Negri, Antonio (2005b): »Réponse à Pierre Macherey« in: Multitudes, 22 (3), S. 111–117. Text abrufbar unter: https://www.cairn.info/revue-multitudes-2005-3-page-111.htm
Negri, Antonio (2006): Lent Genêt: Essai sur l'ontologie de Giacomo Leopardi, Paris: éditions Kimé.
Negri, Antonio (2007a): Political Descartes: Reason, Ideology and the Bourgeois Project, London: Verso.
Negri, Antonio (2007b): Dall'operaio massa all'operaio sociale: intervista sull'operaismo, Verona: Ombre corte.
Negri, Antonio (2008): »Crisi della legge del valore-lavoro«, in: AA.VV: Lessico marxiano, Roma: Manifestolibri, S. 87–94.
Negri, Antonio (2011a): »Auf der Suche nach dem Common Wealth«, in: Lorey, Isabell/Nigro, Roberto/Raunig, Gerald (Hg.): Inventionen, Bd. 1, Zürich: Diaphanes, S. 38–50.
Negri, Antonio (2011b): »Konstituierende Macht«, in: Pieper, Marianne/Atzert, Thomas/Karakayali, Serhat/Tsianos, Vassilis (Hg.): Biopolitik – in der Debatte, Wiesbaden: VS Verlag für Sozialwissenschaften, S. 29–61.

Negri, Antonio (2012): »Die Geburten des Biopolitischen«, in: Lorey, Isabell/Raunig, Gerald/Nigro, Roberto (Hg.), Inventionen, Bd. 2, Zürich: Diaphanes, S. 193–204.
Negri, Antonio (2013): Spinoza for Our Time: Politics and Postmodernity, New York: Columbia University Press.
Negri, Antonio (2014): Factory of Strategy: Thirty-Three Lessons on Lenin, New York/ Chichester, West Sussex: Columbia University Press.
Negri, Antonio (2015b): »Hégémonie: Gramsci, Togliatti, Laclau«, in: EuroNomade, Text abrufbar unter: http://www.euronomade.info/?p=5001.
Negri, Antonio (2015c): »La subjectivité retrouvée. Une expérience marxiste de Foucault«, in: Laval, Christian/Paltrinieri, Luca/Taylan, Ferhat: Marx & Foucault: lectures, usages, confrontations, Paris: Éditions la Découverte, S. 171–183.
Negri, Antonio (2015d): Storia di un comunista (herausgegeben von Girolamo De Michele), Milano: Ponte alle Grazie.
Negri, Antonio (2017): Galera ed esilio: storia di un comunista, Milano: Ponte alle Grazie.
Negri, Antonio (2017a): »Chi sono i comunisti?«, Text abrufbar unter: http://www.euronomade.info/?p=8701
Negri, Antonio (2019a): General Intellect e individuo sociale nei Grundrisse marxiani. EuroNomade, Text abrufbar unter: http://www.euronomade.info/?p=12059.
Negri, Antonio (2019b): Über das Kapital hinaus, 1. Aufl., Berlin: Dietz.
Negri, Antonio (2020a): Da Genova a domani: storia di un comunista, Milano: Ponte alle Grazie.
Negri, Antonio (2020b): »Su Gorz, a partire da »leur écologie et la nôtre«, in: EuroNomade, 9. Dezember 2020, Text abrufbar unter: http://www.euronomade.info/?p=14065.
Negri, Antonio (2021): »L'autonomie du politique de Mario Tronti«, in: Balibar, Étienne/Negri, Antonio/Tronti, Mario/Mascat, Jamila M.H. (Hg.): Le démon de la politique, Paris: Éditions Amsterdam.

Sonstige zitierte Literatur

Agamben, Giorgio (2019): Höchste Armut: Ordensregeln und Lebensform, 2. Auflage, Frankfurt/Main: S. Fischer.

Agamben, Giorgio/Badiou, Alain/Bensaïd, Daniel/Brown, Wendy/Nancy, Jean-Luc/Rancière, Jacques/Ross, Kristin/Žižek, Slavoj (2012): Demokratie? Eine Debatte, Berlin: Suhrkamp.

Alquati, Romano (1974): Klassenanalyse als Klassenkampf: Arbeiteruntersuchungen bei FIAT und OLIVETTI, Frankfurt/Main: Athenäum Fischer Taschenbuch Verlag

Alquati, Romano (1975): Sulla FIAT e altri scritti, Mailand: Feltrinelli.

Alquati, Romano (2021): Sulla riproduzione della capacità umana vivente: l'industrializzazione della soggettività, Rom: DeriveApprodi.

Alquati, Romano (2022): Per fare conricerca: teoria e metodo di una pratica sovversiva, Rom: DeriveApprodi.

Althusser, Louis (1974): Lenin und die Philosophie: Über die Beziehung von Marx zu Hegel/Lenins Hegel-Lektüre, Reinbek: Rowohlt.

Althusser, Louis (1975): Elemente der Selbstkritik, Westberlin: Verlag für das Studium der Arbeiterbewegung.

Althusser, Louis (1977): Ideologie und ideologische Staatsapparate. Aufsätze zur marxistischen Theorie, Hamburg: VSA.

Althusser, Louis (2021): Für Marx, Berlin: Suhrkamp.

Althusser, Louis/Balibar, Étienne/Establet, Roger/Macherey, Pierre/Rancière, Jacques (2018): Das Kapital lesen: mit Retraktationen zum Kapital. Vollständige und ergänzte Ausgabe, 2. durchgesehene und korrigierte Auflage, Münster: Westfälisches Dampfboot.

Asor Rosa, Alberto (1976): Le Due società. Ipotesi sulla crisi italiana, Turin: Einaudi.

Atzert, Thomas (2019): Vom Massenarbeiter zum gesellschaftlichen Arbeiter und darüber hinaus, in: Über das Kapital hinaus, Berlin: Dietz Verlag, S. 249–263.

Atzert, Thomas/Müller, Jost (Hg.) (2003): Kritik der Weltordnung. Globalisierung, Imperialismus, Empire, Berlin: ID Verlag.

Badiou, Alain (2015): Heidegger. L'être 3 – Figure du retrait: 1986–1987, Paris: Fayard.

Badiou, Alain/Žižek, Slavoj (Hg.) (2012): Die Idee des Kommunismus, Band 2, Hamburg: LAIKA-Verlag.

Badiou, Alain/Žižek, Slavoj (Hg.) (2015): Die Idee des Kommunismus, Band 3, Hamburg: LAIKA-Verlag.

Balestrini, Nanni/Moroni, Primo (2002): Die goldene Horde: Arbeiterautonomie, Jugendrevolte und bewaffneter Kampf in Italien, 2. Aufl., Berlin: Assoziation A.

Balibar, Étienne (1993): »L'objet d'Althusser«, in: Lazarus, Sylvain (Hg.), Politique et philosophie dans l'œuvre de Louis Althusser, Paris: Presses Universitaires de France.

Balibar, Étienne (2005): »Le structuralisme: une destitution du sujet?«, in: Revue de Métaphysique et de Morale, 1 (n. 45), S. 5–22.

Balibar, Étienne (2011): Citoyen sujet et autres essais d'anthropologie philosophique, Paris: Presses Universitaires de France.

Balibar, Étienne (2012): Gleichfreiheit: politische Essays, Berlin: Suhrkamp.

Balibar, Étienne (2020): Histoire interminable: d'un siècle l'autre, Paris: La Découverte.

Balibar, Étienne/Wallerstein, Immanuel Maurice (1990): Rasse, Klasse, Nation: ambivalente Identitäten, 7. Aufl., Neuausgabe mit leicht geändertem Satzbild, Hamburg: Argument.

Basaglia, Franco (Hg.) (1971): Die negierte Institution oder die Gemeinschaft der Ausgeschlossenen: ein Experiment der psychiatrischen Klinik in Görz, Frankfurt/Main: Suhrkamp.

Baudrillard, Jean (2015): Die Konsumgesellschaft: ihre Mythen, ihre Strukturen, Wiesbaden: Springer VS.

Bell, Daniel (1979): Die nachindustrielle Gesellschaft, Frankfurt/Main/New York: Campus.

Benjamin, Walter (1991): Gesammelte Schriften, Bd. 1, Frankfurt/Main: Suhrkamp.

Bensaïd, Daniel (o.J.): Antonio Negri, pouvoir constituant et multitudes. danielbensaid.org, Text abrufbar unter: http://danielbensaid.org/Antonio-Negri-pouvoir-constituant-et-multitudes?lang=fr#nb19.

Bensaïd, Daniel (o.J.a): »Multitudes ventriloques«, in: Multitudes. revue politique artistique philosophique, Text abrufbar unter: https://www.multitudes.net/multitudes-ventriloques/.
Berardi, Franco (1997): Dell'innocenza: 1977 l'anno della premonizione, Verona: Ombre corte.
Berardi, Franco/Smith, Jason (2009): The Soul at Work: From Alienation to Autonomy, Los Angeles: Semiotext(e).
Bianchi, Sergio/Caminiti, Lanfranco (Hg.) (2007): Settantasette: la rivoluzione che viene, 2. Aufl., Rom: DeriveApprodi.
Bianchi, Sergio/Caminiti, Lanfranco (Hg.) (2020): Gli autonomi: le storie, le lotte, le teorie, Rom: DeriveApprodi.
Birkner, Martin/Foltin, Robert (2010): (Post-)Operaismus: von der Arbeiterautonomie zur Multitude. Geschichte & Gegenwart, Theorie & Praxis. Eine Einführung, Stuttgart: Schmetterling Verlag.
Blanchot, Maurice (2015): Die uneingestehbare Gemeinschaft, 2. Aufl., Berlin: Matthes & Seitz.
Bologna, Sergio (1972): »Class Composition and the Theory of the Party at the Origins of the Workers-Council Movement«, in: Telos: Critical Theory of the Contemporary, 13, S. 4–27. Text abrufbar unter: https://libcom.org/article/class-composition-and-theory-party-origins-workers-council-movement
Boltanski, Luc/Chiapello, Ève (2006): Der neue Geist des Kapitalismus, Köln: Herbert von Halem Verlag.
Boltanski, Luc/Esquerre, Arnaud (2019): Bereicherung: eine Kritik der Ware, Berlin: Suhrkamp.
Borio, Guido/Pozzi, Francesca/Roggero, Gigi (Hg.) (2005): Gli operaisti: autobiografie dei cattivi maestri, Rom: DeriveApprodi.
Bojadžijev, Manuela/Karakajali, Serhat (2010): »Autonomie der Migration. 10 Thesen zu einer Methode«, in: Transit Migration Forschungsgruppe (Hg.), Turbulente Ränder. Neue Perspektiven auf Migration an den Grenzen Europas, Bielefeld, Transcript, S. 203-210.
Braidotti, Rosi (2014): Posthumanismus: Leben jenseits des Menschen, Frankfurt/Main/New York: Campus.
Butler, Judith (2004): Precarious Life: The Powers of Mourning and Violence, London: Verso.
Casale, Rita (1996): »Il tragico corpo nietzscheano di Gilles Deleuze«, in: Paradigmi. Rivista di critica filosofica, XIV, 42, S. 555–592.

Castel, Robert (2003): From Manual Workers to Wage Laborers: Transformation of the Social Question, New Brunswick, N.J: Transaction Publishers.
Celikates, Robin (2010): »Ziviler Ungehorsam und radikale Demokratie. Konstitutive vs. konstituierte Macht?«, in: Bedorf, Thomas, Röttgers, Kurt (Hg.): Das Politische und die Politik, Berlin: Suhrkamp, S. 274–300.
Cerotto, Marco (2021): Raniero Panzieri e i »Quaderni rossi«: alle radici del neomarxismo italiano, Rom: DeriveApprodi.
de Certeau, Michel (1994): La prise de parole: et autres écrits politiques, Paris: Edition du Seuil.
Chakrabarty, Dipesh (2010): Europa als Provinz: Perspektiven postkolonialer Geschichtsschreibung, Frankfurt/Main/New York: Campus.
Chamayou, Grégoire (2010): Les chasses à l'homme: histoire et philosophie du pouvoir cynégétique, Paris: La Fabrique.
Chamayou, Grégoire (2019): Die unregierbare Gesellschaft: Eine Genealogie des autoritären Liberalismus, Berlin: Suhrkamp.
Ciccarelli, Roberto (2021): Labour Power: Virtual and Actual in Digital Production, Cham: Springer International Publishing.
Cominu, Salvatore (2023): »Che cos'è la composizione di classe?« in: Machina. Rivista online. Text abrufbar unter: https://www.machina-deriveapprodi.com/post/che-cos-è-la-composizione-di-classe.
Coriat, Benjamin (1979): L'atelier et le chronomètre: Essai sur le taylorisme, le fordisme et la production de masse, Paris: C. Bourgois.
Cuninghame, Patrick (2003): »Für eine Untersuchung der Autonomia. Interview mit Sergio Bologna«, in: UTOPIE kreativ, 155, S. 848–857.
Cuninghame, Patrick (2008): »Italian feminism, workerism and autonomy in the 1970s: The struggle against unpaid reproductive labour and violence«, in: Amnis. Revue d'études des sociétés et cultures contemporaines Europe-Amérique. Text abrufbar unter: http://journals.openedition.org/amnis/575.
Dalla Costa, Mariarosa (2022): Frauen und der Umsturz der Gesellschaft. Gesammelte Aufsätze, Münster: Unrast.
Dardot, Pierre/Laval, Christian (2013): The New Way of the World: On Neoliberal Society, London/New York: Verso.
Dean, Jodie/Passavent, Paul A. (Hg.) (2003): Empire's New Clothes: Reading Negri and Hardt, New York: Routledge.

De Feo, Nicola Massimo (1992a): L'autonomia del negativo tra rivoluzione politica e rivoluzione sociale, Manduria/Roma/Bari: Lacaita.

De Feo, Nicola Massimo (1992b): Riformismo, Razionalizzazione, Autonomia operaia. Il Verein für Socialpolitik, Manduria/Roma/Bari: Lacaita.

De Feo, Nicola Massimo (2000): La ragione sovversiva: appropriazione e irrazionalismo in Weber, Sombart, Marx, Bari: B. A. Graphis.

Debord, Guy (2013): Die Gesellschaft des Spektakels, 2. Aufl., Berlin: Edition TIAMAT.

Deleuze, Gilles (2020): Unterhandlungen: 1972–1990, 7. Aufl., Frankfurt/Main: Suhrkamp.

Deleuze, Gilles (1992): Differenz und Wiederholung, München: Fink.

Deleuze, Gilles (1993): Logik des Sinns, Frankfurt/Main: Suhrkamp.

Deleuze, Gilles (1993a): »One Manifest Less«, in: Boundas, Constantin V. (Hg.): The Deleuze Reader, New York: Columbia University Press.

Deleuze, Gilles (1993b): »Postskriptum über die Kontrollgesellschaften«, in: ders.: Unterhandlungen: 1972–1990. Aus dem Französischen von Gustav Rössler, Frankfurt/Main: Suhrkamp, S. 254–261.

Deleuze, Gilles/Guattari, Félix (1974): Anti-Ödipus. Kapitalismus und Schizophrenie 1, Frankfurt/Main: Suhrkamp.

Deleuze, Gilles/Guattari, Félix (1992): Tausend Plateaus. Kapitalismus und Schizophrenie, Berlin: Merve.

D'Eramo, Marco (2023): Masters: The Invisible War of the Powerful against Their Subjects, London: Polity Press.

Derrida, Jacques (2023): Die Schrift und die Differenz, 12. Aufl., Frankfurt/Main: Suhrkamp.

Descombes, Vincent (2013): Die Rätsel der Identität, Berlin: Suhrkamp.

Diefenbach, Katja (2018): Spekulativer Materialismus: Spinoza in der postmarxistischen Philosophie, Wien: Turia + Kant.

Douzinas, Costas/Žižek, Slavoj (Hg.) (2012): Die Idee des Kommunismus, Band 1, 1. Aufl., Hamburg: LAIKA-Verlag.

Falciola, Luca (2015): Il movimento del 1977 in Italia, Rom: Carocci editore.

Federici, Silvia (2012a): Aufstand aus der Küche: Reproduktionsarbeit im globalen Kapitalismus und die unvollendete feministische Revolution, Münster: edition assemblage.

Federici, Silvia (2012b): Caliban und die Hexe: Frauen, der Körper und die ursprüngliche Akkumulation, Wien/Berlin: Mandelbaum.
Federici, Silvia (2021): Patriarchy of the wage: notes on Marx, gender, and feminism, Oakland, CA: PM Press.
Fischbach, Franck (2014): La production des hommes: Marx avec Spinoza, Paris: Vrin.
Florida, Richard L. (2002): The Rise of the Creative Class, New York: Basic Books.
Foltin, Robert (2010): Die Körper der Multitude, Stuttgart: Schmetterling Verlag.
Foucault, Michel (1974): Die Ordnung der Dinge: eine Archäologie der Humanwissenschaften, Frankfurt/Main: Suhrkamp.
Foucault, Michel (1975): Surveiller et punir: naissance de la prison, Paris: Gallimard.
Foucault, Michel (1976): Überwachen und Strafen: die Geburt des Gefängnisses, 1. Aufl., Frankfurt/Main: Suhrkamp.
Foucault, Michel (1987): Sexualität und Wahrheit. Erster Band. Der Wille zum Wissen, Frankfurt/Main: Suhrkamp.
Foucault, Michel (1990): Archäologie des Wissens, Frankfurt/Main: Suhrkamp.
Foucault, Michel (1993): Die Ordnung des Diskurses, Frankfurt/Main: Fischer Taschenbuch Verlag.
Foucault, Michel (2001): In Verteidigung der Gesellschaft: Vorlesungen am Collège de France (1975–76), 6. Aufl., Frankfurt/Main: Suhrkamp.
Foucault, Michel (2003): Schriften in vier Bänden. Band 3: 1976–1979, Frankfurt/Main: Suhrkamp.
Foucault, Michel (2004): Die Geburt der Biopolitik. Geschichte der Gouvernementalität. 2. Vorlesung am Collège de France 1978–1979, 9. Aufl., Frankfurt/Main: Suhrkamp.
Foucault, Michel (2005): »Was ist Aufklärung«, in: Dits et écrits. Schriften in vier Bänden, Band 4, 1980–1988, 1. Aufl, Frankfurt/Main: Suhrkamp, S. 687–707 und S. 837–848.
Foucault, Michel (2006): Sicherheit, Territorium, Bevölkerung. Geschichte der Gouvernementalität 1. Vorlesung am Collège de France 1977/1978, Frankfurt/Main: Suhrkamp.
Foucault, Michel (2010): Einführung in Kants Anthropologie, Frankfurt/Main: Suhrkamp.

Foucault, Michel (2013): Sur l'origine de l'herméneutique de soi: conférences prononcées à Dartmouth college, 1980, Paris: Vrin.
Foucault, Michel (2015): Die Strafgesellschaft. Vorlesung am Collège de France 1972–1973, 1. Aufl., Berlin: Suhrkamp.
Foucault, Michel (2016): Dits et écrits. Schriften in vier Bänden, Band 4, 1980–1988, Frankfurt/Main: Suhrkamp.
Foucault, Michel (2022): La question anthropologique: cours, 1954–1955, Paris: EHESS/Gallimard/Seuil.
Foucault, Michel (2023): Le discours philosophique, Paris: EHESS/Gallimard/Seuil.
Foucault, Michel (2024): La constitution d'un transcendantal historique dans la Phénoménologie de l'esprit de Hegel. Mémoire du diplôme d'études supérieures de philosophie, Paris: Vrin.
Frayne, David (2015): The Refusal of Work: The Theory and Practice of Resistance to Work, London: Bloomsbury Academic.
Fumagalli, Andrea/Giuliani, Alfonso/Lucarelli, Stefano/Vercellone, Carlo (2019): Cognitive Capitalism, Welfare and Labour. The Commonfare Hypothesis, London/New York: Routledge.
Fumagalli, Andrea/Morini, Cristina (2020): Anthropomorphic Capital and Commonwealth Value, in: Frontiers in Sociology, 5 (24), S. 1–13.
Galimberti, Jacopo (2022): Images of class: operaismo, autonomia and the visual arts (1962–1988), London/New York: Verso.
Galloway, Alexander R. (2006): Protocol: How Control Exists After Decentralization. 1. MIT Press paperback ed., Cambridge, Mass.: MIT Press.
Gentili, Dario (2012): Italian theory: dall'operaismo alla biopolitica, Bologna: Il mulino.
Giannuli, Aldo (2018): La strategia della tensione: servizi segreti, partiti, golpe falliti, terrore fascista, politica internazionale: un bilancio definitivo, Milano: Ponte alle Grazie.
Gorz, André (1980): Abschied vom Proletariat: Jenseits des Sozialismus, Frankfurt/Main: Europäische Verlagsanstalt.
Gorz, André (1999): Arbeit zwischen Misere und Utopie, Frankfurt/Main: Suhrkamp.
Gorz, André (2010): Kritik der ökonomischen Vernunft: Sinnfragen am Ende der Arbeitsgesellschaft, 1. Aufl., Zürich: Rotpunktverlag.

Götz, Dominik (2020): Operaismus. Geschichte & Philosophie des autonomen Marxismus in Italien, Wien/Berlin: Mandelbaum.
Gramsci, Antonio (2012): Gefängnishefte. Gesamtausgabe in zehn Bänden, 1. Aufl., Hamburg: Argument.
Guattari, Félix (1976): »Transversalität«, in: Psychotherapie, Politik und die Aufgaben der institutionellen Analyse, Frankfurt/Main: Suhrkamp, S. 39–55.
Guattari, Félix (1986): Les années d'hiver, 1980–1985, Paris: Barrault.
Guattari, Félix (2014): Chaosmose, Wien/Berlin: Turia + Kant.
Guattari, Félix/Negri, Antonio (2015): Neue Räume der Freiheit, Wien/Linz/Berlin: transversal texts.
Hagner, Michael/Hörl, Erich (2008): Die Transformation des Humanen: Beiträge zur Kulturgeschichte der Kybernetik, Frankfurt/Main: Suhrkamp.
Haraway, Donna (1995): Die Neuerfindung der Natur: Primaten, Cyborgs und Frauen, Frankfurt/Main/New York: Campus.
Harcourt, Bernard E. (2019): »Praxis for the Twenty-First Century«, in: Fassin, Didier/Harcourt, Bernard E. (Hg.): A Time for Critique, New York: Columbia University Press, S. 271–293.
Hardt, Michael (1991): The Anatomy of Power, in: The Savage Anomaly: The Power of Spinoza's Metaphysics and Politics, Minneapolis/Oxford: University of Minnesota Press.
Hardt, Michael (2023): The Subversive Seventies, New York: Oxford University Press.
Hegel, Georg Wilhelm Friedrich (1986): Phänomenologie des Geistes. Auf der Grundlage der »Werke« von 1832–1845 neu edierte Ausgabe, Frankfurt/Main: Suhrkamp.
Heidegger, Martin (1967): Sein und Zeit, 13., unveränd. Aufl., Tübingen: Niemeyer.
Heidegger, Martin (2018): Ontologie. Hermeneutik der Faktizität, Gesamtausgabe. 4 Abteilungen, Frankfurt/Main: Vittorio Klostermann.
Hildebrandt, Mireille/Rouvroy, Antoinette (Hg.) (2011): Technology, Virtuality, and Utopia: Governmentality in an Age of Autonomic Computing, in: Law, Human Agency, and Autonomic Computing: The Philosophy of Law Meets the Philosophy of Technology, London: Routledge.

Horkheimer, Max/Adorno, Theodor W. (1988): Dialektik der Aufklärung: philosophische Fragmente, Frankfurt/Main: Fischer Taschenbuch Verlag.
Hui, Yuk (2015): Modulation after Control, in: New Formations. Journal of Culture, Theory, Politics, 84–85, 74–91.
Jameson, Fredric (2002): A Singular Modernity: Essay on the Ontology of the Present, London: Verso.
Kojève, Alexandre (1975): Hegel: eine Vergegenwärtigung seines Denkens. Kommentar zur Phänomenologie des Geistes, Frankfurt/Main: Suhrkamp.
Laboratorio Politico (1981): Governo e non governo delle sinistre, Bd. 3, Torino: Einaudi.
Laclau, Ernesto (2001): »Can Immanence Explain Social Struggles?«, in: diacritics, 31 (4), S. 3–10.
Laclau, Ernesto (2022): Die populistische Vernunft, Wien: Passagen.
Lange, Dietmar (2021): Aufstand in der Fabrik: Arbeitsverhältnisse und Arbeitskämpfe bei FIAT-Mirafiori 1962 bis 1973, Wien: Böhlau.
Lazzarato, Maurizio (2007): Biopolitik/Bioökonomie: Eine Politik der Multiplizität, in: Pieper, Marianne/Atzert, Thomas/Karakayali, Serhat/Tsianos, Vassilis (Hg.): Biopolitik – in der Debatte, Wiesbaden: VS Verlag für Sozialwissenschaften, S. 97–107.
Lazzarato, Maurizio (2012): Die Fabrik des verschuldeten Menschen: Ein Essay über das neoliberale Leben, Berlin: b-books.
Lazzarato, Maurizio (2017): Marcel Duchamp und die Verweigerung der Arbeit, Wien: transversal texts.
Lemke, Thomas (2007a): »Biopolitik im Empire. Die Immanenz des Kapitalismus bei Michael Hardt und Antonio Negri«, in: ders., Gouvernementalität und Biopolitik, Wiesbaden: VS Verlag für Sozialwissenschaften, S. 77–88.
Lemke, Thomas (2007): »Imperiale Herrschaft, immaterielle Arbeit und die Militanz der Multitude. Anmerkungen zum Konzept der Biopolitik bei Michael Hardt und Antonio Negri«, in: Pieper, Marianne/Atzert, Thomas/Karakayali, Serhat/Tsianos, Vassilis (Hg.): Empire und die biopolitische Wende: Die internationale Diskussion im Anschluss an Hardt und Negri, Frankfurt/Main/New York: Campus, S. 109–128.
Lemke, Thomas (2013): Biopolitik zur Einführung, Hamburg: Junius.

Lonzi, Carla (2021): Selbstbewusstwerdung: Schriften zu Kunst und Feminismus, Berlin: b-books.

Lorey, Isabell (2011): Gouvernementale Präkarisierung, in: Lorey, Isabell/Nigro, Roberto/Raunig, Gerald (Hg.), Inventionen 1, Zürich/Berlin: Diaphanes.

Lorey, Isabell (2020): Die Regierung der Prekären, Wien/Berlin: Turia + Kant.

Lorey, Isabell (2020a): Demokratie im Präsens. Eine Theorie der politischen Gegenwart, Berlin: Suhrkamp.

Lorey, Isabell/Neundlinger, Klaus (Hg.) (2012): Kognitiver Kapitalismus, Wien/Berlin: Turia + Kant.

Lorey, Isabell/Nigro, Roberto/Raunig, Gerald (Hg.) (2011): Inventionen, Bd. 1, Zürich: Diaphanes.

Lyotard, Jean-François (1982): Das postmoderne Wissen: Ein Bericht, Wien: Passagen.

Macherey, Pierre (2004): »Présentation par P. Macherey«, in: Citéphilo, Palais des Beaux-Arts, Lille, 19. November 2004. Text abrufbar unter: https://web.archive.org/web/20060712095001/http:/stl.recherche.univ-lille3.fr/sitespersonnels/macherey/accueilmacherey.html.

Macherey, Pierre (2013): »Negri's Untimely Spinoza«, in: Genre, 46 (2), S. 145–153.

Macherey, Pierre (2014): Le sujet des normes, Paris: Éditions Amsterdam.

Macherey, Pierre (2019): Hegel oder Spinoza, Wien/Berlin: Turia + Kant.

Malabou, Catherine (2022): Au voleur! anarchisme et philosophie, Paris: Presses Universitaires de France.

Marazzi, Christian (2012): Sozialismus des Kapitals, Zürich: Diaphanes.

Marcuse, Herbert (1969): Versuch über die Befreiung, Frankfurt/Main: Suhrkamp.

Marcuse, Herbert (1987): Der eindimensionale Mensch: Studien zur Ideologie der fortgeschrittenen Industriegesellschaft, 21. Aufl., Darmstadt: Luchterhand.

Marx, Karl (1962): Der Bürgerkrieg in Frankreich. Adresse des Generalrats der Internationalen Arbeiterassoziation, in: Marx, Karl/Engels, Friedrich (1962): Werke, Band 17, Berlin: Dietz.

Marx, Karl/Engels, Friedrich (1968): MEW. Ergänzungsband. Schriften, Manuskripte, Briefe bis 1844. Erster Teil, Berlin: Dietz.

Marx, Karl/Engels, Friedrich (1983): MEW, Band 42: Ökonomische Manuskripte 1857/1858, Berlin: Dietz.

Marx, Karl (2009): Resultate des unmittelbaren Produktionsprozesses: Sechstes Kapitel des ersten Bandes des »Kapitals« (Entwurf), Berlin: Dietz.

Marzocca, Ottavio (2005): »Presentazione«, in: De Feo, Nicola Massimo: Ragione e rivolta: saggi e interventi 1962–2002, Milano: Mimesis.

Moro, Giovanni (2007): Anni Settanta, Torino: Einaudi.

Moulier-Boutang, Yann (1998): De l'esclavage au salariat: économie historique du salariat bridé, Paris: Presses Universitaires de France.

Moulier-Boutang, Yann (2011): Cognitive Capitalism, Cambridge, UK/ Malden, MA: Polity Press.

Moulier-Boutang, Yann (2021): »Sur l'opéraïsme italien (1): la composition de classe revisitée«, Text abrufbar unter: https://www.revue-ouvrage.org/sur-loperaisme-italien-1/

Murphy, Timothy S. (2012): Antonio Negri: Modernity and the Multitude, Cambridge, UK/Malden, MA: Polity.

Nancy, Jean-Luc (2004): Singulär plural sein, Berlin: Diaphanes.

Nancy, Jean-Luc/Nielsberg, Jérôme-Alexandre (2003): »Un peuple ou des multitudes?«, in: L'Humanité, 26. Dezember 2003, Text abrufbar unter: https://www.multitudes.net/un-peuple-ou-des-multitudes/.

Nicoli, Massimiliano/Paltrinieri, Luca (2017): »Du management de soi à l'investissement sur soi: Remarques sur la subjectivité post-néo-libérale«, in: Terrains/Théories, DOI: 10.4000/teth.929, Text abrufbar unter: http://journals.openedition.org/teth/929.

Nigro, Roberto (2012): »L'insubordination radicale de l'autonomie italienne«, in: La Revue des livres, Paris: Éditions Amsterdam.

Nigro, Roberto (2015a): »Philosophie und Anthropologiekritik bei Marx«, in: Rölli, Marc (Hg.): Fines Hominis? Zur Geschichte der philosophischen Anthropologiekritik, Bielefeld: Transcript.

Nigro, Roberto (2015b): Wahrheitsregime, 1. Aufl., Zürich/Berlin: Diaphanes.

Nigro, Roberto/Raunig, Gerald (2011): »Molecular Revolution and Event«, in: Pages, 8: When Historical, Text abrufbar unter: https://www.pagesmagazine.net/en/articles/molecular-revolution-and-event

Nigro, Roberto/Stubenrauch, Heiko (2021): »Landnahme analog und digital: ursprüngliche Akkumulation in den Kontrollgesellschaften«, in:

BEHEMOTH. A Journal on Civilisation, Albert-Ludwigs-Universität Freiburg, 14 (2), S. 61–74.
Nigro, Roberto (2024): »Passagen innerhalb des zeitgenössischen italienischen Marxismus«, in: Hahn, Till/Szász, Charlotte (Hg.): Kritische Philosophiegeschichte, Berlin/Zürich: Diaphanes.
O'Connor, James (2002): The fiscal crisis of the state, New Brunswick, N.J: Transaction.
Oswald, Christian (2019): Jenseits des Arbeitszwangs: Thesen zu einer anderen Gesellschaft, Münster: Westfälisches Dampfboot.
Pallotta, Julien (2005): »La critique de la représentation chez Antonio Negri«, in: Actuel Marx en Ligne n°29 16/4/2005.
Panzieri, Raniero (1961): Sull'uso capitalistico delle macchine nel neocapitalismo, in: Quaderni Rossi, 1.
Panzieri, Raniero (1963): »Plusvalore e pianificazione. Appunti di lettura del Capitale«, in: Quaderni Rossi, 4, Juli 1963: Produzione, consumi e lotta di classe, S. 257–288, Text abrufbar unter: https://www.machina-deriveapprodi.com/post/quaderni-rossi) und https://www.bibliotecaginobianco.it/flip/QUR/004/04/#288
Panzieri, Raniero, (1972): »Über die kapitalistische Anwendung der Maschinerie im Spätkapitalismus«, in: Pozzoli, Claudio (Hg.): Spätkapitalismus und Klassenkampf: eine Auswahl aus den *Quaderni Rossi*, Frankfurt/Main: Europäische Verlagsanstalt, S. 14–32, Text abrufbar unter: http://www.kommunismus.narod.ru/knigi/pdf/Pozzoli_Hg_-_Spaetkapitalismus_und_Klassenkampf_Teil_1.pdf
Park, Daeseung (2020): La stratégie minoritaire chez Deleuze et Guattari. Philosophie. Université Toulouse le Mirail – Toulouse II, 2020. Français. ⟨NNT : 2020TOU20003⟩, Text abrufbar unter https://theses.hal.science/tel-03145217
Pasquinelli, Matteo (2019): »On the Origins of Marx's General Intellect«, in: Radical Philosophy, 2. 206, S. 43–56, Text abrufbar unter: https://www.radicalphilosophy.com/article/on-the-origins-of-marxs-general-intellect
Pias, Claus (Hg.) (2003): Cybernetics – the Macy Conferences 1946–1953: The Complete Transactions. First printing, Zürich/Berlin: Diaphanes.
Pieper, Marianne/Atzert, Thomas/Karakayali, Serhat/Vassilis, Tsianos (Hg.) (2007): Empire und die biopolitische Wende: die internationale

Diskussion im Anschluss an Hardt und Negri, Frankfurt/Main/New York: Campus.
Pieper, Marianne/Atzert, Thomas/Karakayali, Serhat/Tsianos, Vassilis (Hg.) (2011): Biopolitik – in der Debatte, Wiesbaden: VS Verlag für Sozialwissenschaften.
Pollock, Friedrich (1956): Automation – Materialien zur Beurteilung der ökonomischen und sozialen Folgen, Frankfurt/Main: Europäische Verlagsanstalt.
Procacci, Giovanna (1991): »Social Economy and the Government of Poverty«, in: Burchell, Graham/Gordon, Colin/Miller, Peter (Hg.): The Foucault Effect: Studies in Governmentality; with Two Lectures by and an Interview with Michel Foucault, Chicago, Ill.: University of Chicago Press, S. 151–168.
Rancière, Jacques (2002): »Peuple ou multitudes?«, in: Multitudes. revue politique artistique philosophique, Text abrufbar unter: https://www.multitudes.net/Peuple-ou-multitudes/.
Rancière, Jacques (2004): »Beyond Empire«, in: Dissonance, 1, Text abrufbar unter: http://1libertaire.free.fr/JRanciere02.html
Rancière, Jacques (2013): Die Nacht der Proletarier: Archive des Arbeitertraums, Wien/ Berlin: Verlag Turia + Kant.
Rancière, Jacques/Bassas Vila, Javier (2021): Les mots et les torts: dialogue avec Javier Bassas, Paris: la Fabrique éditions.
Raunig, Gerald (2012a): Industrien der Kreativität, Zürich: Diaphanes.
Raunig, Gerald (2012b): Fabriken des Wissens, Zürich: Diaphanes.
Read, Jason (1999): »The Antagonistic Ground of Constitutive Power: An Essay on the Thought of Antonio Negri«, in: Rethinking Marxism, 11 (2), S. 1–17.
Read, Jason (2009): A Genealogy of Homo-Economicus: Neoliberalism and the Production of Subjectivity, in: Foucault Studies, DOI: 10.22439/fs.v0i0.2465.
Reckwitz, Andreas (2012): Die Erfindung der Kreativität. Zum Prozess gesellschaftlicher Ästhetisierung, Berlin: Suhrkamp.
Revel, Judith (2007): »Antonio Negri, French Nietzschean? From the Will of Power to the Ontology of Power«, in: Murphy, Timothy S./ Mustapha, Abdul-Karim (Hg.): The Philosophy of Antonio Negri. Revolution in Theory, Bd. 2, London: Pluto Press, S. 87–108.

Roggero, Gigi (2023): Italian operaismo: genealogy, history, method, Cambridge, Massachusetts: The MIT Press.

Rölli, Marc (2012): Gilles Deleuze: Philosophie des transzendentalen Empirismus, 2, Wien: Turia + Kant.

Rosanvallon, Pierre (2018): Notre histoire intellectuelle et politique: 1968–2018, Paris: Éditions du Seuil.

Roth, Karl-Heinz (1974): Die andere Arbeiterbewegung und die Entwicklung der kapitalistischen Repression von 1880 bis zur Gegenwart: Ein Beitrag zum Neuverständnis der Klassengeschichte in Deutschland. Mit ausführl. Dokumentation z. Aufstandsbekämpfung, Werkschutz u. a., München: Trikont-Verlag.

Rouvroy, Antoinette (2013): »Technology, Virtuality and Utopia: Governmentality in an Age of Autonomic Computing«, in: Hildebrandt, M., und Rouvroy, A. (Hg.): Law, Human Agency and Autonomic Computing. The Philosophy of Law Meets the Philosophy of Technology, London: Routledge.

Saar, Martin (2013): Die Immanenz der Macht: politische Theorie nach Spinoza, 1. Aufl., Berlin: Suhrkamp.

Sarasin, Philipp (2021): 1977: eine kurze Geschichte der Gegenwart, Berlin: Suhrkamp.

Sauvagnargues, Anne (2009): Deleuze: l'empirisme transcendantal, Paris: Presses Universitaires de France.

Savat, David (2005): Deleuze's Objectile: From Discipline to Modulation, in: Savat, David/Poster, Mark (Hg.), Deleuze and New Technology, Edinburgh: Edinburgh University Press.

Sforzini, Arianna (2022): »Situation du cours«, in: Sforzini, Arianna (Hg.), La question anthropologique: cours, 1954–1955, Paris: EHESS, Gallimard, Seuil.

Spector, Céline (2007): »Le spinozisme politique aujourd'hui: Toni Negri, Étienne Balibar ...«, in: Esprit, Mai (5), S. 27–45.

Spinoza, Baruch (1977): Briefwechsel, Hamburg: Felix Meiner.

Spinoza, Baruch (2007): Ethik in geometrischer Ordnung dargestellt, Lateinisch-Deutsch, Sämtliche Werke, Bd. 2, Hamburg: Felix Meiner.

Spivak, Gayatri Chakravorty (1999): A critique of postcolonial reason: toward a history of the vanishing present, Cambridge, Mass.: Harvard University Press.

Spivak, Gayatri Chakravorty (2011): Can the subaltern speak? Postkolonialität und subalterne Artikulation, unveränderter Nachdruck, Wien: Turia + Kant.
Stiegler, Bernard (2016): Automatic Society: The Future of Work, Volume 1, Cambridge, UK/Malden, MA: Polity Press.
Strathern, Marilyn (2020): Relations: an anthropological account, Durham: Duke University Press.
Tarì, Marcello (2011): Autonomie! Italie, les années 1970, Paris: La fabrique éditions.
Terhoeven, Petra (2014): Deutscher Herbst in Europa: Der Linksterrorismus der siebziger Jahre als transnationales Phänomen, München: Oldenbourg Verlag.
Traverso, Enzo (2023): Revolution. Eine Geistesgeschichte, Wien/Berlin: Turia + Kant.
Tronti, Mario (1964): »Lenin in England«, in: Balestrini, Nanni/Moroni, Primo (2002): Die goldene Horde: Arbeiterautonomie, Jugendrevolte und bewaffneter Kampf in Italien, 2. Aufl., Berlin: Assoziation A, S. 86–93.
Tronti, Mario (1974): Arbeiter und Kapital, Frankfurt/Main: Verlag Neue Kritik.
Tronti, Mario (1977): Sull'autonomia del politico, Mailand: Feltrinelli.
Tronti, Mario (2009): Noi operaisti, Rom: DeriveApprodi.
Turchetto, Maria (2007): »From ›mass worker‹ to ›empire‹: The disconcerting trajectory of italian operaismo«, in: Bidet, Jacques/Kouvelakis, Stathis (Hg.): Critical Companion to Contemporary Marxism, Leiden: Brill, S. 285–308.
Vattimo, Gianni/Rovatti, Pieraldo (Hg.) (1983): Il pensiero debole, Milano: Feltrinelli.
Ventrone, Angelo (2012): Vogliamo tutto: perché due generazioni hanno creduto nella rivoluzione, 1960–1988, Roma: Laterza.
Virno, Paolo (2004): »Wenn die Nacht am tiefsten ... Anmerkungen zum general intellect«, in: Atzert, Thomas/Müller, Jost (Hg.): Immaterielle Arbeit und imperiale Souveränität: Analysen und Diskussionen zu Empire, Münster: Westfälisches Dampfboot, S. 148–155.
Virno, Paolo (2005): Grammatik der Multitude: Öffentlichkeit, Intellekt und Arbeit als Lebensformen, Wien: Turia + Kant.

Virno, Paolo (2008): »Forza lavoro«, in: AA. VV.: Lessico marxiano, Roma: Manifestolibri, S. 105–116.
Virno, Paolo/Hardt, Michael (Hg.) (2006): Radical Thought in Italy: A Potential Politics, Minneapolis, Minn.: University of Minnesota Press.
Vuillerod, Jean-Baptiste (2022): La naissance de l'anti-hégélianisme: Louis Althusser et Michel Foucault, lecteurs de Hegel, Lyon: ENS Éditions.
Wallerstein, Immanuel (2012): Der Siegeszug des Liberalismus (1789–1914). Das moderne Weltsystem, 4: Wien: Promedia-Verlag.
Wright, Steve (2005): Den Himmel stürmen. Eine Theoriegeschichte des Operaismus, Berlin/ Hamburg: Assoziation A e. V.
Žižek, Slavoj (2001): »Have Michael Hardt and Antonio Negri Rewritten the Communist Manifesto for the Twentieth Century?«, in: Rethinking Marxism 13:3/4, S. 81–88.
Žižek, Slavoj (2005): Die politische Suspension des Ethischen, 4. Aufl., Originalausgabe, Frankfurt/Main: Suhrkamp.
Žižek, Slavoj (2008): In Defense of Lost Causes, London: Verso.
Žižek, Slavoj (2010): Die Tücke des Subjekts, Frankfurt/Main: Suhrkamp.
Žižek, Slavoj (2018): »Provocations«, in: World Policy Journal, 35 (2), S. 124–129.

Weitere Werke von Antonio Negri in deutscher Übersetzung (Auswahl)

- (1973): Krise des Planstaats, Kommunismus und revolutionäre Organisation, Berlin: Merve (o. F.: Crisi dello Stato-piano, comunismo e organizzazione rivoluzionaria (1971), Milano: Feltrinelli, 1974).
- (1977): Massenautonomie gegen historischen Kompromiß, München: Trikont Verlag, (o. F.: Partito operaio contro il lavoro, in: Sergio Bologna, Paolo Carpignano, Antonio Negri: Crisi e organizzazione operaia, Milano: Feltrinelli 1974, S. 99–160).
- (1977): Staat in der Krise, Berlin: Merve. (o. F.: Proletari e Stato. Per una discussione su autonomia operaia e compromesso storico, Milano: Feltrinelli, 1976).
- (1979): Sabotage [mit Briefen u. Schriften aus d. Gefängnis] München: Trikont, (o. F.: Il dominio e il sabotaggio. Sul metodo marxista della trasformazione sociale, Milano: Feltrinelli, 1978).

Die vier obengenannten Schriften wurden in den 1970er Jahren verfasst und sind Ausdruck der politisch-historischen Konjunktur, in der sie entstanden sind. Sie wurden während der 1970er Jahre vom Verlag Feltrinelli veröffentlicht und waren in Italien, Europa und Nordamerika weit verbreitet. Nach Negris Verhaftung am 7. April 1979 wurden sie in seinem Prozess zur Anklage gegen ihn angeführt. Der Verlag Feltrinelli zog sie aus dem Verkehr und ließ sie einstampfen. Diese Bücher sind ein großes Zeugnis des politischen Kampfes während der 1970er Jahre. Sie zeigen die unüberbrückbare Kluft zwischen der Bewegung der Arbeiter:innenautonomie und der Arbeiter:innenbewegung, die an die kommunistischen und sozialistischen Parteien angebunden war. Die Bücher sind eine Reflexion über das Thema des Aufbaus der Organisation, in der der Autor die Entstehung neuer revolutionärer Subjektivitäten berücksichtigt, die die historische Transformation zu dem Zeitpunkt hervorbrachte. 1997 wurden diese Texte auf Italienisch wiederveröffentlicht unter dem Titel *I libri del rogo,* Castelvecchi/Derive Approdi. Auf Englisch sind sie übersetzt und veröffentlicht unter *Books for burning. Between Civil War and Democracy in 1970's Italy.*

- (1972): Zyklus und Krise bei Marx, Berlin: Merve, 1968 (o. F.: Marx sul ciclo e la crisi. Note, in: Contropiano, 1, n. 2, Mai 1968).
- (2024, im Erscheinen): Konstituierende Macht: Eine Gegengeschichte der Moderne, übersetzt von Thomas Atzert, Mandelbaum Verlag (o. F.: Il potere costituente. Saggio sulle alternative del moderno. Varese: Sugarco, 1992, Rom, Manifestolibri, 2002).
- (1997): Die Arbeit des Dionysos: Materialistische Staatskritik in der Postmoderne (mit Michael Hardt). Aus dem Italienischen und Englischen von Thomas Atzert und Sabine Grimm, Berlin: ID-Verlag (o. F.: Il lavoro di Dioniso. Per la critica dello Stato postmoderno, Roma: Manifestolibri, 1995).
- (2003): Rückkehr: Alphabet eines bewegten Lebens; Gespräche mit Anne Dufourmantelle. Aus dem Französischen von Thomas Atzert, Frankfurt/Main/New York: Campus (o. F.: Il ritorno. Quasi un'autobiografia. Conversazione con Anne Dufourmantelle, Milano: Rizzoli, 2003).
- (2009): Goodbye Mr. Socialism: das Ungeheuer und die globale Linke; mit einem Postscriptum über die aktuelle Krise; Raf Valvola Scelsi.

Aus dem Italienischen übersetzt von Thomas Atzert, Berlin: Ed. Tiamat, 2009. (o. F.: Goodbye Mr. Socialism, Milano: Feltrinelli, 2006).
- (2015): Für einen konstituierenden Prozess in Europa – demokratische Radikalität und die Regierung der Multituden (mit Rául Sánchez Cedillo). Aus dem Italienischen von Gerald Raunig; mit einer Einleitung versehen und herausgegeben von Isabell Lorey und Gerald Raunig, Transversal.

Auf Deutsch unveröffentlichte Werke von Antonio Negri (Auswahl)

- 1958: Stato e diritto nel giovane Hegel: Studio sulla genesi illuministica della filosofia giuridica e politica di Hegel, Padova: Cedam.
- 1959: Saggi sullo storicismo tedesco. Dilthey e Meinecke, Milano: Feltrinelli.
- 1962: Alle origini del formalismo giuridico: Studio sul problema della forma in Kant e nei giuristi kantiani tra il 1789 e il 1802, Padova: Cedam.
- 1962: Scritti di filosofia del diritto: (1802–1803)/G. W. f. Hegel. A cura di Antonio Negri, Bari: Laterza.
- 1990: Il lavoro di Giobbe. Il famoso testo biblico come parabola del lavoro umano, Milano: Sugarco, 1990 (frz.: Job, la force de l'esclave, trad. de l'italien par Judith Revel, Paris: Bayard 2002; Hachette 2005).
- 2008: Fabbrica di porcellana. Per una nuova grammatica politica, Milano: Feltrinelli (frz. Fabrique de porcelaine: Pour une nouvelle grammaire du politique, tr. de Judith Revel, Paris: Stock, 2006).
- 2010: Inventer le commun des hommes (mit einem Vorwort von Judith Revel), Bayard Culture.
- 2011: Traversée de l'Empire (übersetzt von Judith Revel), Paris: L'Herne.

Werke von Antonio Negri, auf Englisch verfügbar (Auswahl)

- 2015: Pipeline: Letters from Prison, translated by Ed Emory, New York, NY: John Wiley & Sons (o. F.: Pipeline. Lettere da Rebibbia, Torino: Einaudi, 1982).

- 2011: Art & Multitude, übersetzt von E. Emery, Cambridge: Polity Press (o.F.: Arte e multitude. Sette lettere de dicembre 1988, Milano: Politi 1990).
- 2014: Diary of an Escape, translated by Ed Emory, New York, NY: John Wiley & Sons.
- 2024: Story of a Communist. A Memoir, translated by Ed Emery and edited by Girolamo De Michele, London: Eris (o.F.: Storia di un comunista, Milano: Ponte alle Grazie, 2015).
- 2016: Marx and Foucault: Essays. Vol. 1, übersetzt von E. Emery, Cambridge: Polity Press.
- 2017: From the Factory to the Metropolis: Essays. Vol. 2, übersetzt von E. Emery, Cambridge: Polity Press.
- 2019: ›Empire, twenty years on‹ (mit Michael Hardt), in: New Left Review 120, Nov.–Dez. 2019.
- 2019: Spinoza: Then and Now: Essays. Vol. 3, übersetzt von E. Emery, Cambridge: Polity Press.
- 2021: Marx in Movement: Operaismo in Context, übersetzt von E. Emery, Cambridge: Polity Press.
- 2022: The End of Sovereignty, übersetzt von E. Emery, Cambridge: Polity Press.
- 2023: The Common, übersetzt von E. Emery, Cambridge: Polity Press.

Allgemeine Einführungen

Murphy, Timothy S. (2012): Antonio Negri, Cambridge: Polity Press.

Balestrini, Nanni/Moroni, Primo (2002): Die Goldene Horde. Arbeiterautonomie, Jugendrevolte und bewaffneter Kampf in Italien, Berlin: Assoziation A.

Auswahl an Online-Ressourcen

https://www.multitudes.net/category/archives-revues-futur-anterieur-et/archives-futur-anterieur/

http://www.euronomade.info

»Débat autour d'Empire«: https://www.multitudes.net/category/archives-revues-futur-anterieur-et/bibliotheque-diffuse/negri-empire-multitude/debat-autour-d-empire/

Film

Toni Negri, des années de plomb à »l'Empire« – 1. Professeur et Révolutionnaire – 2. Les Années de plomb – 3. Empire, Un film de Pierre-André Boutang, Annie Chevallay, France, 2004, 156 Minuten.

Antonio Negri – Eine Revolte, die nicht endet. Film von Alexandra Weltz und Andreas Pichler. Red.: Martin Pieper, Deutschland, 2004, 50 Minuten.

Antonio Negri. The Cell. Film von Angela Melitopoulos, Deutschland/USA 2008, 130 Minuten.

Zeittafel

1933 Antonio Negri wird in Padua, Italien, geboren.

1935 Tod seines Vaters

1943 *Padua wird bombardiert; Faschistische Republik von Salò (Repubblica Sociale Italiana, kurz RSI)*; sein Bruder Enrico schließt sich den Faschisten an. Er stirbt im Dezember durch Suizid.

1951 Tod seines Großvaters, der wie sein Vater Antifaschist und sozialistischer Aktivist war. Reisen in den Norden, nach London, Edinburgh, Paris, Basel ... Er schließt sich der italienischen Jugend der Katholischen Aktion (GIAC) für einen einwöchigen Workshop in den Dolomiten an.

1952 Abitur; Reise in den Norden, Helsinki, Nordkap, Hamburg ... Anmeldung an der Fakultät Philosophie der Universität Padua.

1953 *Tod von Stalin.* Reise nach Spanien, Marokko und Portugal. Er tritt der nationalen Führung der GIAC bei und engagiert sich in der europäischen föderalistischen (Jugend-)Bewegung.

1954 *Die nationale Leitung der GIAC wird aus dem Heiligen Offizium vertrieben.* Im Sommer Reise nach Griechenland. Studiensemester in Paris an der ENS (École normale supérieure). Lektüre von Brecht. Im Dezember Reise nach Sizilien, um sich Danilo Dolci anzuschließen und an dessen Erfahrungen im Kampf gegen die Armut teilzunehmen.

1955 Lebt in einem Kibbuz in Israel.

1956 *XX. Parteitag der KPdSU. Streiks in Spanien: Comisiones Obreras gegen die faschistische Diktatur. Aufstand in Budapest. Krise in Suez. Katastrophe in Marcinelle, Belgien, bei der 262 Bergleute sterben.* Laurea in Philosophie mit einer Arbeit zum deutschen Historismus. Reisen nach Dubrovnik, Skopje, Belgrad, Zagreb und Wien. Er tritt der Sozialistischen Partei Italiens (PSI) bei. Im Herbst beginnt er sein Studium in Neapel bei Federico Chabod am Istituto Italiano per gli Studi Storici. Während der Weihnachtsferien kurzer Aufenthalt in München, wo er Dilthey und Meinecke liest und von Max Weber fasziniert ist. Die große Entdeckung ist jedoch Lukàcs.

1957 Er arbeitet über den jungen Hegel.

1958 *Raniero Panzieri veröffentlicht die Thesen über die Arbeiterkontrolle (Sette Tesi sul controllo operaio).*

1959 Er veröffentlicht »Saggi sullo storicismo tedesco. Dilthey e Meinecke«. Ruf auf die Professur für Rechtsphilosophie an der Universität Padua. Aktivist in der PSI. Übersetzt Hegel. In Belgrad lernt er Jean-Marie Vincent kennen. *Bad Godesberger Programm: Die SPD kappt alle Beziehungen zum Marxismus.*

1960 *Kuba nähert sich der UdSSR an; Kennedy besiegt Nixon; Kongo erlangt die Unabhängigkeit von Belgien. In Italien akzeptiert die Partei Christliche Demokratie (DC), dass sie im Parlament von der extremen Rechten unterstützt wird. Der Ministerpräsident Tambroni erlaubt, dass die MSI (italienische Sozialbewegung, faschistisch inspirierte Partei) ihren Kongress in Genua durchführt: Die Stadt erhebt sich. In Reggio Emilia tötet die Polizei fünf Proletarier. Auch in Sizilien. Es wird ein Generalstreik vorbereitet. Sturz der Regierung Tambroni; Basisaktivisten sind bereit, zu den Waffen zu greifen. Die Kommunistische Partei (PCI) gießt Wasser ins Feuer.* Negri wird nach Moskau eingeladen. Dann in Bellagio bei der Rockefeller Foundation. Wird in den Reihen der PSI zum Stadtrat gewählt.

1961 Heirat mit Paola Meo. Diskussionen mit Norberto Bobbio. *Kongress der PSI. Panzieri tritt aus der PSI aus. Erste Ausgabe der »Quaderni Rossi«.* Negri beginnt, an den Treffen teilzunehmen, und trifft in Turin Romano Alquati, den Erfinder der soziologischen Untersuchung der »conricerca«. Er veröffentlicht eine operaistische Reihe in *Progresso veneto*, der Zeitschrift des Labriola-Kreises, dem er in Padua angehörte.

1962 Veröffentlicht *Alle origini del formalismo giuridico* (Zum Ursprung des juristischen Formalismus). *Erstes Treffen von Potere operaio veneto. Die zweite Ausgabe der Quaderni Rossi wird mit einem Artikel von Mario Tronti eröffnet. Arbeiterstreik bei FIAT: Romolo Gobbi verteilt in der Fabrik ein Flugblatt mit dem Titel »Gatto selvaggio« und wird von der Geschäftsleitung wegen Anstiftung zur Sabotage angezeigt. Erste Brüche in der Leitung der Zeitschrift Quaderni Rossi.*

1963 *Arbeiterkämpfe. Bruch mit Quaderni Rossi und Gründung der Zeitschrift »Classe operaia« unter der Leitung von Mario Tronti, der in der ersten Ausgabe »Lenin in England« veröffentlicht. Geburt von Potere operaio di porto Marghera. Tragödie am Vajont.*

1964 Geburt seiner Tochter Anna. Umzug von Padua nach Venedig. *Renato Solmi übersetzt das Maschinenfragment aus den Marx'schen Grundrissen.* Lektüre von Marx: *Das Kapital.*

1966 Er arbeitet an zwei Artikeln: »La teoria capitalistica dello Stato: John Maynard Keynes« (»Keynes and the Capitalist Theory of the State post 1929«) und »Marx sul ciclo e la crisi« (Zyklus und Krise bei Marx).

1967 Ruf auf die Professur für Staatslehre an der Fakultät für Politikwissenschaft der Universität Padua. Geburt seines Sohnes Francesco. *Erste Ausgaben der politischen Zeitschrift »Potere operaio«. Die Arbeiterkämpfe nehmen zu.* Auf dem Flughafen von Madrid trifft er Giangiacomo Feltrinelli. Er verabschiedet sich von der Zeitschrift *Contropiano.*

1968 *Klassenkämpfe in Italien; Studentenbewegung.* Trifft Franco Piperno und Oreste Scalzone, die Aktivistinnen in der Bewegung in Rom sind. Lektüre von Hans-Jürgen Krahls Buch *Konstitution und Klassenkampf.*

1969 Gründung einer neuen Zeitschrift: *La classe* (*Die Klasse*), herausgegeben von Scalzone. *»Autunno caldo«: Arbeiterkämpfe in den Fabriken im Norden. Geburt der politischen Organisation »Potere operaio«. Am 12. Dezember werden bei einem Bombenanschlag in Mailand, der von rechtsextremen Gruppen mit Unterstützung des Geheimdienstes organisiert wurde, 17 Menschen getötet und 88 verletzt. Beginn der Strategie der Spannung.* Er arbeitet an dem Buch *Descartes politico* (*Political Descartes*).

1970 *Erster nationaler Kongress von Potere operaio (Potop). In Porto Marghera explodiert im August der Arbeiterprotest.*

1971 Der Versuch, mit der Manifesto-Gruppe in Dialog zu treten und zu verschmelzen, scheitert. Negri zieht nach Mailand. Kongress von Potop im September. Negri verfasst *Crisi dello Stato piano.* Auf dem Kongress kommt es zu Spannungen zwischen verschiedenen politischen Linien.

1972 *Tod von Feltrinelli. Im Mai wird der Kommissar Luigi Calabresi ermordet, der für den Tod des Anarchisten Pinelli verantwortlich gemacht wird.* Negri hält eine Vorlesung über Lenin und verfasst *Partito operaio contro il lavoro* (*Massenautonomie gegen historischen Kompromiss*).

1973 *Militärputsch in Chile. Im März besetzen FIAT-Arbeiter die Fabrik (Mirafiori, Turin). Auflösung von Potop und Entstehung der Autonomia operaia.*

1974 *Konstituierung der Redaktion der Zeitschrift »Rosso«. Eine auf dem Italicus-Zug platzierte Bombe fordert 12 Tote und 48 Verletzte. Als Reaktion auf die Intensivierung der Strategie der Spannung beginnt die Bewegung, sich ebenfalls zu bewaffnen. Autonome aus der Schweiz, Deutschland und Frankreich treffen sich in der Schweiz.*

1976 *Seit dem Putsch in Chile ist Enrico Berlinguer, der Führer der italienischen kommunistischen Partei (PCI), zunehmend davon überzeugt, dass ein historischer Kompromiss zwischen der DC und der PCI notwendig ist, um der PCI den Zugang zur Regierung zu ermöglichen. Re Nudo organisiert ein großes Festival im Lambro-Park in Mailand. In Mailand werden die Kämpfe mit großer Härte fortgesetzt.* Zweite Ausgabe von *Proletari e Stato: Per una Discussione su Autonomia Operaia e Compromesso Storico (Staat in der Krise).*

1977 Veröffentlichung von *La Fabbrica della Strategia: trentatré Lezioni su Lenin* (*Factory of Strategy. Thirty-three Lessons on Lenin*) und *La Forma Stato: Per la Critica dell'Economia Politica della Costituzione* (*Toward a Critique of Material Constitution*). *Am 17. Februar jagt die Bewegung Luciano Lama, Generalsekretär der CGIL (nationaler Gewerkschaftsbund in Italien), von der Universität La Sapienza in Rom. In Bologna wird ein Student von Lotta Continua, Francesco Lorusso, von den Carabinieri getötet. Die Gegenreaktion der Bewegung in Bologna und Rom ist sehr gewalttätig. Am 12. Mai wird in Rom die Studentin Giorgiana Masi, eine Aktivistin der Radikalen Partei, ermordet.* Am 14. Mai wird ein Haftbefehl gegen Negri ausgestellt. Er entgeht der Verhaftung und geht in den Untergrund; er flieht in die Schweiz und dann nach Paris. Durch Yann Moulier-Boutang trifft er Félix Guattari und wird mit Althusser und André

Gorz bekannt gemacht. Große Freundschaft mit Félix Guattari. *In Frankreich bricht der Fall Croissant aus. Der Aufruf französischer Intellektueller gegen die Repression in Italien wird vorbereitet. Im September versammeln sich in Bologna die Bewegungen gegen die Repression. Die Krise der Autonomie beginnt.* Negri beginnt in Paris zu unterrichten. Vorlesung über die *Grundrisse* an der ENS. Ende 77 werden die Haftbefehle gegen ihn zurückgezogen; er kann nach Italien zurückkehren. Er reist nun zwischen Mailand und Paris hin und her, um in Paris zu unterrichten. *Im Oktober werden im Gefängnis von Stammheim die Führer der Roten Armee Fraktion leblos aufgefunden. In Frankreich gibt es eine große Welle von Kämpfen. Die Zahl der autonomen Organisationen steigt.* Negri verfasst *Il Dominio e il Sabotaggio: Sul Metodo Marxista della Trasformazione Sociale* (»*Sabotage*«).

1978 *Am 16. März Entführung des Vorsitzenden der Democrazia Cristiana (Christliche Demokratie) Aldo Moro durch die Roten Brigaden (BR). Moro wird nach 55 Tagen in Gefangenschaft getötet.* Im Spätsommer reist Negri nach New York. Nach seiner Rückkehr hält er sich vermehrt in Paris auf. Interview über Operaismus: »Dall'Operaio Massa all'Operaio Sociale«.

1979 Am 7. April Verhaftung von Negri und anderen Genossen. Er wird des bewaffneten Aufstands gegen die Staatsgewalt angeklagt. Richter Calogero beschuldigt ihn außerdem, der Anführer der BR und an der Entführung von Aldo Moro beteiligt gewesen zu sein. Im Dezember begannen die Anschuldigungen nach den Enthüllungen des ersten reuigen BR-Mitglieds Peci komplett entkräftet zu werden. *Es wird jedoch ein neues Gesetz über reuige Straftäter erlassen, das in ganz Italien eine neue Verhaftungswelle gegen Tausende von Aktivist:innen auslöst.* Neue Anschuldigungen gegen Negri, die die Gefahr bergen, dass die Behauptungen über ihre politische Natur in gewöhnliche Straftaten umgewandelt werden. Verfasst im Gefängnis von Rebibbia *Il Comunismo e la Guerra*. Veröffentlichung von *Marx oltre Marx: Quaderno di Lavoro sui Grundrisse* (*Über das Kapital hinaus*).

1980 Im Frühjahr wird das Buch über Spinoza, das er im Gefängnis verfasst, fertiggestellt. *Am 2. August werden bei einem faschistischen Attentat auf den Bahnhof von Bologna 85 Menschen getötet und Hunderte verletzt. Im November fordert ein Erdbeben in Süditalien fast*

3000 Tote und 280 000 Evakuierte. Im Dezember explodiert im Gefängnis von Trani in Apulien, wo Negri eingesperrt ist, die Revolte der Insassen.

1981 Umzug nach Rebibbia. Veröffentlichung von *L'Anomalia Selvaggia: Saggi su Potere e Potenza in Baruch Spinoza* (*Die wilde Anomalie*).

1982 Zwischen Oktober 1981 und April 1982 schreibt er *Pipeline. Lettere da Rebibbia.* Seine Mutter Aldina stirbt. Er veröffentlicht *Macchina Tempo: Rompicapi, Liberazione, Costituzione.*

1983 Nach vier Jahren im Gefängnis als Schutzmaßnahme beginnt der Prozess. Ein Vorschlag für eine Kandidatur für die nationalen politischen Wahlen beginnt zu zirkulieren. Am 27. Juni wird Negri auf der Liste der Radikalen Partei für das italienische Parlament gewählt; im Juli wird er aus dem Gefängnis entlassen. Im November stimmt das Parlament gegen die Aussetzung von Negris Verhaftung. Negri hat Italien mittlerweile verlassen und geht am 19. September ins Exil nach Frankreich.

1984 Geburt der Tochter Nina

1985 Veröffentlichung von *Italie rouge et noir* mit einem Vorwort von Bernard-Henri Lévy. Félix Guattari missbilligt, dass BHL das Vorwort dazu geschrieben hat. Mit Félix Guattari schreibt er *Neue Räume der Freiheit.* Das Buch zu Spinoza wird in Frankreich gut aufgenommen. *In Paris strömen weiterhin italienische Flüchtlinge ein. Während der Kohabitation Mitterrand/Chirac beginnt man daran zu zweifeln, dass die Mitterrand-Doktrin Bestand hat. Mit der sogenannten Mitterrand-Doktrin verpflichtete sich der Präsident der Französischen Republik, italienische Linksradikale nicht auszuliefern, »wenn sie mit der Höllenmaschine, in die sie sich begeben hatten, gebrochen haben«.*

1986 Ende des Prozesses gegen die Autonomie. Freispruch von den Vorwürfen des bewaffneten Aufstands und von fast allen anderen Anklagen. Schreibt *Diario di un'evasione. Explosion der Studentenbewegung in Paris.* Negri schreibt *Fine secolo* (*The politics of Subversion*). *Im April Atomkatastrophe in Tschernobyl.* Negri beginnt die soziologische Untersuchungsarbeit in Paris. Er interessiert sich zunehmend für amerikanische Literatur und Politik. Am Collège international de Philosophie setzt er sein Seminar fort. Begegnung mit Michael Hardt.

1988 *Mitterrand wird zum zweiten Mal zum Präsidenten der Republik gewählt.*

1989 *Fall der Berliner Mauer.* Beginnt seine Arbeit an der Universität Paris 8 im Departement für Politikwissenschaft. Zusammenarbeit mit Jean-Marie Vincent. Die Arbeit an der Zeitschrift *Futur antérieur* beginnt.

1990 *In Italien Ausbruch der Studentenbewegung »La Pantera«: Besetzung der Universitäten.*

1991 *Deleuze und Guattari veröffentlichen Qu'est-ce que la philosophie? (Was ist Philosophie?). Beginn des Irakkriegs.*

1992 Veröffentlicht *Il potere costituente* (*Konstituierende Macht*). Arbeitet mit Michael Hardt zusammen.

1995 *Der Streik legt Frankreich lahm.* Die Arbeit an dem Buch *Empire* mit Michael Hardt beginnt.

1997 Im Juli kehrt Negri nach Italien zurück. Die entfernte Chance einer Amnestie zerschlägt sich. Er kehrt ins Gefängnis zurück.

1999 Halbfreiheitsregime; Umzug nach Rom. *Seattle-Bewegung.*

2000 Beginnt mit der Herausgabe der Zeitschrift *Posse.*

2001 *Die No-Global-Bewegung in Genua bricht aus; Carlo Giuliani stirbt während der Genueser Tage. Im September Terroranschlag in den USA (9/11).*

2003 Am 25. April Ende des Gefängnisses. Dokumentarfilm *The Cell* mit Angela Melitopoulos. Rückkehr nach Paris. Rede in Saint-Denis beim Europäischen Sozialforum. Reise nach Frankfurt; nach Brasilien, wo er Gilberto Gil trifft; nach Argentinien, wo er in einer besetzten Fabrik interveniert.

2004 Reise nach China: Shanghai und Peking; Veröffentlichung von *Multitude*; Theatererfahrungen; zurück nach Paris; Start des Uninomade-Projekts; Scharmützel mit Sympathisanten der *Tiqqun*-Gruppe

2005 Referendum in Frankreich zur Europäischen Verfassung: Er fordert dazu auf, mit Ja zu stimmen, große Polemik aufseiten der Linken

2006 *Kämpfe in Frankreich in den Banlieues.* Reise nach Lateinamerika

2008 *Die große Finanzkrise bricht aus.*

2009 Veröffentlichung von *Common Wealth* mit Michael Hardt

2010 Bruch bei Uninomade

2011 *Arabischer Frühling; Spanien: Puerta do Sol; Occupy Wall Street;* Veröffentlichung von *Demokratie! Wofür wir kämpfen* mit Michael Hardt; Seminar am CiPh (Collège international de philosophie, Paris) über das »Gemeinsame«; *Bin Laden wird getötet.* Start des EuroNomade-Projekts.

2013 *Protestbewegungen in Istanbul*

2018 *Ausbruch der Gelbwestenbewegung in Frankreich.* Negri schreibt die Ereignisse mit, es erscheinen regelmäßig Kolumnen.

2015 Veröffentlichung des ersten Bandes seiner Autobiografie: *Storia di un comunista 1*

2017 Veröffentlichung des zweiten Bandes von *Galera e Esilio. Storia di un comunista 2*

2017 Veröffentlichung von *Assembly* mit Michael Hardt

2020 Veröffentlichung des dritten Bandes *Da Genova a domani. Storia di un comunista 3*

2023 Negri stirbt am 16. Dezember in Paris, wo er seit 2003 mit Judith Revel zusammenlebte.

Personenregister

Sachregister

Roberto Nigro ist Professor für Philosophie am Institut für Philosophie und Kunstwissenschaft (IPK) der Leuphana Universität in Lüneburg. Er ist *ancien directeur de programme* am Collège international de Philosophie in Paris und hat an verschiedenen Universitäten in Deutschland, Frankreich, Italien, der Schweiz und den Vereinigten Staaten unterrichtet und geforscht. Sein Forschungsinteresse liegt im Bereich der Ästhetik und der politischen Philosophie, der französischen und italienischen Philosophie mit einem besonderen Fokus auf dem Poststrukturalismus, dem Operaismus und dem Werk Michel Foucaults. Von ihm erschien u. a.: *Antonio Negri. Une philosophie de la subversion*, Paris 2023; *Vierzig Jahre »Überwachen und Strafen«: Zur Aktualität der Foucault'schen Machtanalyse* (mit Marc Rölli), Bielefeld 2017; *Wahrheitsregime*, Zürich 2015.

Zur Einführung →

Christoph Henning

Theorien der Entfremdung

zur Einführung

JUNIUS

Philipp Sarasin

Michel Foucault

zur Einführung

JUNIUS

Christoph Henning
Theorien der Entfremdung zur Einführung
ISBN 978-3-88506-704-7
256 Seiten, 15.90 Euro

Was ist Entfremdung? Zeigt die Zunahme an Burnouts und Depressionserkrankungen an, dass die kritische Annahme, der Mensch habe sich in der Moderne von sich selbst entfremdet, heute mehr zutrifft denn je? Oder ist diese Diagnose hoffnungslos veraltet, weil sie schon von problematischen Vorannahmen wie einem ›wahren Wesen des Menschen‹ ausging? Nachdem es eine Zeit lang still war um die Entfremdungstheorie, hat sie heute wieder Konjunktur. Der vorliegende Band diskutiert diese neueren Forschungen unter anderem von Autoren wie Alain Ehrenberg und Hartmut Rosa vor dem Hintergrund einer Bestandsaufnahme der älteren Theorien von Rousseau über Marx und Simmel bis zu Herbert Marcuse.

Philipp Sarasin
Michel Foucault zur Einführung
ISBN 978-3-88506-066-6
240 Seiten, 15.90 Euro

»Ein Risiko birgt die Reihe zur Einführung des Hauses Junius und dieser Band zur Einführung ins Werk von Michel Foucault besonders, nämlich die Lektüre des Werks durch die der ausgezeichneten Einführung zu ersetzen. ›Weil alle Welt Foucault zu kennen glaubt, möchte ich dazu einladen, ihn zu lesen‹, schreibt der Zürcher Historiker Philipp Sarasin, der Autor des handlichen, klassisch weißen Bandes. Wer diesen außerordentlich hilfreichen Leitfaden durch ein unsystematisches, unabgeschlossenes Werk kennt und Sarasins kritische Anmerkungen zu Foucaults Umgang mit symbolischen Ordnungen gelesen hat, kann es mit Foucault aufnehmen.« DIE ZEIT

JUNIUS
www.junius-verlag.de